L'hospitalité CHRÉTIENNE

*Manifester l'amour de Christ
dans votre communauté*

ALEXANDER STRAUCH

Édition originale en anglais sous le titre :
The Hospitality Commands
© 1993 par Alexander Strauch. Tous droits réservés.

Pour l'édition française, traduite et publiée avec permission :
L'hospitalité chrétienne : manifester l'amour de Christ dans votre communauté
© 2005, 2017 par Publications Chrétiennes, Inc.
Publié par Éditions Impact
230, rue Lupien, Trois-Rivières (Québec)
G8T 6W4 – Canada
Site Web : www.editionsimpact.org

Ce livre a été publié précédemment sous le titre :
Les commandements relatifs à l'hospitalité

Traduction : Marie-Andrée Gagnon

Tous droits réservés.

ISBN : 978-2-89082-316-7

Dépôt légal – 4e trimestre 2017
Bibliothèque et Archives nationales du Québec
Bibliothèque et Archives Canada

« Éditions Impact » est une marque déposée de Publications Chrétiennes, Inc.

À moins d'indications contraires, toutes les citations bibliques sont tirées de la Nouvelle Édition de Genève (Segond 1979) de la Société Biblique de Genève. Avec permission.

TABLE DES MATIÈRES

1. UN JOYAU DE LA COURONNE MANQUANT — 5
2. AFFERMIR L'AMOUR DE LA FAMILLE CHRÉTIENNE — 11
3. L'HOSPITALITÉ : UN TREMPLIN POUR L'ÉVANGILE — 27
4. LE NOUVEAU TESTAMENT NOUS COMMANDE D'EXERCER L'HOSPITALITÉ — 45

    Recherchez l'hospitalité : Romains 12.13

    Exercez l'hospitalité avec joie : 1 Pierre 4.9

    N'oubliez pas d'exercer l'hospitalité : Hébreux 13.1,2

    Soyez hospitalier : une qualité biblique que tout berger doit posséder : 1 Timothée 3.2

    Veillez sur les veuves soutenues par l'Église : 1 Timothée 5.10

    Obéissez aux commandements qui exigent de refuser l'hospitalité : 2 Jean 10,11, 1 Corinthiens 5.11

    Résumé des traits distinctifs de l'hospitalité chrétienne

5. QUELQUES CONSEILS UTILES POUR EXERCER L'HOSPITALITÉ — 71

GUIDE D'ÉTUDE — 77

   Première session

   Deuxième session

   Troisième session

NOTES — 87

À Marilyn

**dont l'amour de l'hospitalité
ne cesse de croître.**

1

Un joyau de la couronne manquant

En vacances, ma femme et moi avons eu l'occasion de rendre visite à un couple qui avait fréquenté notre Église et notre cellule d'étude biblique par le passé, mais qui avait déménagé depuis. Nous nous préoccupions de sa santé spirituelle. C'est donc avec beaucoup de joie que nous avons découvert que nos amis vivaient pour le Seigneur et œuvraient activement dans une petite Église locale. Ils avaient cependant un sujet dont se plaindre. Même s'il y avait toute une année qu'ils fréquentaient cette Église, personne — pas même un seul des leaders spirituels — ne les avait invités à manger ni à fraterniser à la maison. Ils n'avaient donc toujours pas le sentiment de faire partie de cette assemblée, ce qui les décourageait.

*

Une célibataire âgée, qui fréquente maintenant notre Église, m'a raconté une expérience qu'elle a faite et qui montre de manière frappante que nous avons besoin d'un nouvel enseignement sur l'hospitalité chrétienne. À une certaine époque de sa vie, elle a dû faire plus d'une heure d'autobus pour se rendre le dimanche à la petite église de banlieue qu'elle fréquentait. Chaque semaine, après le service du matin, elle mangeait seule dans un restaurant et passait l'après-midi entier dans un parc ou une bibliothèque, afin de pouvoir assister au service du soir. Voilà à quoi ont ressemblé ses dimanches pendant quatre ans. Ce qui lui a laissé un mauvais souvenir de cette Église, c'est que personne au cours de ces quatre années ne l'a invitée à manger le dimanche midi ni à se reposer le dimanche après-midi. Ce n'est qu'à l'annonce de son départ qu'une femme âgée de l'Église a décidé de l'inviter à manger chez elle le dernier dimanche.

*

Il m'est arrivé de conduire pendant deux ou trois heures un dimanche matin pour aller prêcher à une assemblée. À certaines occasions, au terme de ma prédication, on m'a remis un chèque, on m'a invité à revenir, on m'a serré la main amicalement à maintes reprises et on m'a servi des au revoir chaleureux. Mais personne n'a pensé à m'inviter à manger, ni à me reposer avant mon long voyage de retour à la maison, ni à chercher à fraterniser plus longtemps avec moi après le service du dimanche matin.

*

Ces expériences me déconcertent, et pour cause ! Elles témoignent d'un christianisme sans vie, sans amour et sans hospitalité. Pire encore, elles laissent transpirer une désobéissance complète aux commandements clairs de l'Écriture. En conclusion de son épître aux Hébreux, l'auteur inspiré implore ses lecteurs chrétiens de cultiver un amour profond et tendre les uns pour les autres en tant que frères et sœurs (13.1). Il les exhorte immédiatement ensuite à ne pas négliger une dimension de leur amour fraternel d'une importance capitale : l'hospitalité.

Tragiquement, la plupart des chrétiens négligent aujourd'hui le ministère de l'hospitalité. Voici ce que Mortimer Arias, ancien évêque méthodiste de la

Bolivie, a à dire à ce sujet :

> En raison de notre style de vie actuel, la vertu chrétienne de l'hospitalité est en train de tomber dans l'oubli, surtout dans les grandes villes où abondent les crimes de rue, les appartements barricadés, de même que les appareils privilégiant l'aisance, l'urbanisme et la bourgeoisie par lesquels nous tentons de nous créer une intimité dans notre foyer et notre vie privée.
>
> Par contre, dans le Nouveau Testament, l'hospitalité est un trait distinctif chez les chrétiens et les communautés chrétiennes.[1]

Si monsieur Arias a raison de dire que « l'hospitalité est un trait distinctif chez les chrétiens et les communautés chrétiennes », c'est donc dire qu'il manque un joyau de grand prix à la couronne de la vie et du service chrétiens.

Si vous doutez que l'hospitalité constituait « un trait distinctif chez les chrétiens et les communautés chrétiennes » de l'Église primitive, considérez la citation que voici :

> Qui donc, ayant demeuré chez vous, n'a pas reconnu votre foi solide et riche en vertus, [...] n'a pas proclamé la magnificence de vos habitudes d'hospitalité.[2]

Ces paroles élogieuses et réconfortantes concernant l'hospitalité, c'est l'Église de Rome qui les a écrites en l'an 96 aux chrétiens de Corinthe. La « magnifique » manifestation d'hospitalité de Corinthe n'était cependant pas unique. Au cours des deux premiers siècles de notre ère, presque toutes les Églises chrétiennes de l'Empire romain se caractérisaient par une hospitalité chrétienne empreinte d'amour. L'Église de Rome était la plus connue pour son sens de l'hospitalité. Adolf Harnack (1851-1930), célèbre historien libéral de l'Église, révèle ce qui suit :

> [...] au cours des premiers siècles de l'ère chrétienne, c'est l'Église de Rome qui se distinguait plus que toute autre par la générosité avec laquelle elle exerçait cette vertu [*l'hospitalité*]. [...] Dans toute l'Église de Rome, on portait un intérêt étrangement vibrant et sincère au Corps universel de Christ [...] qui se manifestait notamment par l'exercice de l'hospitalité.[3]

Dans son étude savante de l'hospitalité chez les Grecs, les Romains, les Juifs et les chrétiens, Gustav Stahlin fait cette déclaration remarquable : « Un des éléments les plus marquants du christianisme primitif, si riche en bonnes œuvres, est indubitablement son hospitalité. »[4]

De toute évidence, les premiers chrétiens accordaient une grande importance à l'hospitalité. En fait, plusieurs auteurs néotestamentaires, comme Paul, Pierre, Jean et l'auteur de l'épître aux Hébreux, ont fait de l'hospitalité un commandement scripturaire, un devoir ! Mais pourquoi faire un commandement de l'hospitalité ? En quoi l'hospitalité devrait-elle revêtir de l'importance pour la chrétienté ? Pourquoi devrait-on la considérer comme une vertu chrétienne ? Qu'est-ce que l'hospitalité a à voir avec la religion ?

En tant que chrétiens croyant à la Bible, nous devons savoir répondre à ces questions. Nous devons redécouvrir ce que le Nouveau Testament enseigne avec dynamisme sur l'hospitalité. Nous devons rappeler aux chrétiens que, selon l'Écriture, ils ont le devoir d'exercer l'hospitalité. Nous devons démontrer les riches bénédictions réservées à tous ceux qui l'exercent. Nous devons acquérir une nouvelle vision du potentiel qu'a l'hospitalité d'affermir nos Églises, ainsi que faire connaître l'Évangile à nos voisins et à nos amis.

Les exhortations bibliques à exercer l'hospitalité se trouvent presque toujours dans le contexte de l'amour fraternel. Ainsi, afin de comprendre en quoi le Nouveau Testament commande aux chrétiens d'exercer l'hospitalité, explorons d'abord la relation d'amour extraordinaire et surnaturelle qui existe entre frères et sœurs en Christ, de même que le rapport intime entre cette relation d'amour et l'hospitalité.

2

Affermir l'amour de la famille chrétienne

Persévérez dans l'amour fraternel.
Hébreux 13.1

Les chrétiens ne sont pas des frères et des sœurs les uns pour les autres simplement parce qu'ils ont en commun des idées, des intérêts et des situations, mais parce qu'ils ont en commun « la vie de Jésus » (2 Co 4.10). Ils ont part à cette vie non grâce à leur naissance naturelle, mais à leur naissance spirituelle (Jn 1.12,13). La fraternité chrétienne vient donc uniquement de Jésus-Christ.

Le commentateur biblique Philip E. Hughes explique d'ailleurs bien cette merveilleuse doctrine : « Notre fraternité est d'abord avec lui [*Christ*], ensuite et par conséquent les uns avec les autres, car il s'agit de la fraternité des rachetés. »[1] Élaborant sur ce point, Hughes écrit :

> [...] la fraternité dont les chrétiens jouissent entre eux leur vient de Christ même, d'abord au moyen de son incarnation, par laquelle il nous a unifiés à lui en tant qu'être humain, et ensuite au moyen de notre unification à lui

par notre expérience de la rédemption, qu'il a accomplie pour nous. La fraternité chrétienne est donc essentiellement une *fraternité en Christ*.[2]

L'auteur de l'épître aux Hébreux déclare avec hardiesse que Jésus-Christ n'hésite par le moins du monde à nous appeler, nous qui étions auparavant de vils pécheurs, ses frères et ses sœurs : « Jésus qui purifie les hommes de leurs péchés et ceux qui sont purifiés ont tous le même Père. C'est pourquoi Jésus n'a pas honte de les appeler ses frères » (Hé 2.11 ; *Bible en français courant*). Rien d'étonnant à ce que l'auteur de l'épître aux Hébreux désigne les chrétiens comme ses « frères saints » (Hé 3.1).

Paul enseigne que Jésus est « le premier-né de beaucoup de frères » (Ro 8.29). La solidarité fraternelle que Christ entretient avec tous ses frères et sœurs, qu'il a rachetés au prix de son sang, est si réelle qu'il dit qu'en faisant quoi que ce soit pour l'un de ses frères ou l'une de ses sœurs, on le fait tout autant pour lui : « Je vous le dis en vérité, toutes les fois que vous avez fait ces choses à l'un de ces plus petits de mes frères [*ou sœurs*], c'est à moi que vous les avez faites » (Mt 25.40 ; voir aussi Mt 28.10 ; Jn 20.17). Pécher contre un frère ou une sœur, c'est donc aussi « [*pécher*] contre Christ » (1 Co 8.11,12).

En tant que frères et sœurs en Christ, tous les chrétiens ont le même Père céleste. Nous partageons la même puissance vivifiante du Saint-Esprit qui habite en chacun de nous. Nous portons le même nom, celui de chrétien. Nous partageons le même baptême. Nous partageons un lien familial indestructible.

COMPRENDRE LA FAMILLE CHRÉTIENNE

La réalité de notre relation fraternelle sursature le Nouveau Testament. Bien que les auteurs néotestamentaires aient employé diverses images pour décrire la nature de l'Église – le Corps, la fiancée, le temple, le troupeau –, la plus fréquemment utilisée est celle de la famille, en particulier la dimension fraternelle de la famille, à savoir *les frères*. Les premiers chrétiens se désignaient toujours les uns les autres par le nom de frère ou de sœur. Les termes *frère* et *sœur* apparaissent quelque 250 fois dans tout le Nouveau Testament, surtout dans les épîtres de Paul. Pierre désigne directement les chrétiens comme « les frères » (1 Pi 2.17). (Tristement, à la fin du IIIe siècle, cette terminologie si charmante a commencé à disparaître parmi les chrétiens.[3])

La raison de cette préférence pour la dimension familiale de l'Église est évidente. Seules les relations humaines les plus intimes peuvent exprimer un tant soit peu l'amour, la proximité, les privilèges et les nouveaux liens qui existent entre Dieu et l'homme, et entre l'homme et l'homme, en raison de l'incarnation et de la mort de Christ. Dans le Nouveau Testament, l'Église locale se présente de nombreuses manières pratiques comme une famille de frères et de sœurs très unis :

- Les chrétiens se saluaient les uns les autres par un saint baiser (Ro 16.16 ; 1 Co 16.20 ; 2 Co 13.12 ; 1 Th 5.26 ; 1 Pi 5.14).

- Ils partageaient entre eux leurs biens matériels (Ac 2.44,45 ; 4.32 ; 11.29 ; Ro 12.13,20 ; 15.26 ;

1 Co 16.1 ; 2 Co 8 ; Ga 2.10 ; 6.10 ; Hé 13.16 ; Ja 2.15,16 ; 1 Jn 3.17).

- Les premiers chrétiens se réunissaient dans des maisons (Ro 16.5 ; 1 Co 16.19 ; Col 4.15 ; Phm 2).

- Ils mangeaient ensemble (Ac 2.46 ; 20.11 ; 1 Co 11.20s ; Jud 12).

- Ils prenaient soin de leurs veuves (Ac 6.1-6 ; 9.39 ; 1 Ti 5.1-16).

- Au besoin, ils corrigeaient leurs membres (1 Co 5.6 ; 2 Co 2.1-11 ; 2 Th 3.6-15 ; 1 Ti 5.19,20).

- Ils réglaient leur conduite entre membres sur le principe directeur de l'amour fraternel (Ro 14.15,21 ; 1 Co 6.8 ; 8.11-13 ; 2 Th 3.14,15 ; Phm 16 ; Ja 4.11).

- Ils exerçaient l'hospitalité (Ac 16.15 ; 21.8,16 ; Ro 12.13 ; 1 Ti 3.2 ; 5.9,10 ; Hé 13.2 ; 1 Pi 4.9 ; 3 Jn 5-8).

Les premiers chrétiens se considéraient comme les membres d'une fraternité universelle qui transcendait toutes les frontières nationales, raciales et sociales. Cette fraternité prenait racine dans leur identité à Christ, « le premier-né » (Ro 8.29). De plus, ils se savaient être une minorité persécutée dans un monde intensément hostile. Leur survie dépendait donc de leur participation active au bon fonctionnement de la famille des frères et des sœurs, comme C. S. Lewis le précise : « Les petites cellules de chrétiens de l'Église primitive ont survécu parce qu'elles se sont données exclusivement à l'amour des frères et ont fermé l'oreille à la société païenne qui les entourait de toutes parts ».[4] (Lire Hé 10.23-25,32-34). Nul doute que les premiers chrétiens auraient beaucoup aimé chanter en chœur avec Gloria et Bill Gaither : « Je suis si heureux de faire partie de la famille de Dieu. » Par conséquent, l'hospitalité en est venue à constituer une des expressions les plus significatives et les plus pratiques de cette famille mondiale de frères et de sœurs, et donc à constituer un des traits distinctifs de l'Église primitive. Confirmant cette même vérité, Edwin Hatch (1835-1889), historien ecclésiastique et érudit classique britannique de renom, a écrit :

> Car le christianisme était, et a grandi parce qu'il l'était, une grande fraternité. Le nom de « frère » [...] en est venu à constituer la désignation courante par laquelle un chrétien s'adressait à un autre chrétien. Il exprimait de manière frappante un fait réel : partout où il allait, le chrétien était le bienvenu et recevait l'hospitalité chez un autre chrétien. Les chrétiens exerçaient l'hospitalité en tant que vertu commune à eux tous.[5]

Ainsi donc, la nature unique, internationale et familiale de la communauté chrétienne exige l'exercice de l'hospitalité.

COMPRENDRE L'AMOUR CHRÉTIEN

Pour comprendre l'amour chrétien, nous devons examiner sa source divine : Jésus-Christ. Philip E. Hughes nous rappelle que toutes les activités et relations chrétiennes tirent leur origine de Jésus-Christ : « Si notre fraternité nous vient de Christ, ainsi en est-il de notre *amour* entre frères. Son amour infini envers nous est la source et la motivation de notre amour les uns pour les autres. »[6] De façon à communiquer l'importance de cet amour, notre Seigneur a donné un nouveau commandement au cours des dernières heures qu'il a passées avec ses disciples avant sa mort : « Aimez-vous les uns les autres ; comme je vous ai aimés [...]. À ceci tous connaîtront que vous êtes mes disciples, si vous avez de l'amour les uns pour les autres » (Jn 13.34*b*,35).

Ce nouveau commandement, qui consiste à s'aimer les uns les autres du même amour ardent et altruiste dont il aime, colore tout le Nouveau Testament. Le groupe lexical grec qui correspond à « amour » – *agapê*, *agapaô* et l'adjectif *agapêtos* (bien-aimé) – apparaît environ 320 fois dans le Nouveau Testament. L'amour est donc, comme l'indique un des ouvrages les plus profonds de Francis Schaeffer, *La marque du chrétien*.[7]

Paul va jusqu'à dire que, si le chrétien pouvait parler la langue des anges, tout savoir de la Bible et de Dieu, exercer une foi plus grande que celle d'Abraham, tout donner aux pauvres ou mourir en martyr missionnaire, tout cela se résumerait à rien s'il le faisait sans amour :

> Quand je parlerais les langues des hommes et des anges, si je n'ai pas l'amour, je suis un airain qui résonne, ou une cymbale qui

retentit. Et quand j'aurais le don de prophétie, la science de tous les mystères et toute la connaissance, quand j'aurais même toute la foi jusqu'à transporter des montagnes, si je n'ai pas l'amour, je ne suis rien. Et quand je distribuerais tous mes biens pour la nourriture des pauvres, quand je livrerais même mon corps pour être brûlé, si je n'ai pas l'amour, cela ne me sert à rien (1 Co 13.1-3).

Plus tard, en parlant de la foi, de l'espérance et de l'amour, Paul déclare que « la plus grande de ces choses, c'est l'amour » (1 Co 13.13).

Paul parle également de l'amour fraternel de manière spécifique. Par exemple, bien que les chrétiens de la ville de Thessalonique excellent dans l'amour fraternel, Paul les encourage à « abonder toujours plus dans cet amour ». En effet, il écrit :

> Pour ce qui est de l'amour fraternel, vous n'avez pas besoin qu'on vous en écrive ; car vous avez vous-mêmes appris de Dieu à vous aimer les uns les autres, et c'est aussi ce que vous faites envers tous les frères dans la Macédoine entière. Mais nous vous exhortons, frères, à abonder toujours plus dans cet amour (1 Th 4.9,10).

Aux chrétiens de Rome, Paul écrit : « Par amour fraternel, soyez pleins d'affection les uns pour les autres » (Ro 12.10).

Pierre élève aussi l'amour au statut de vertu chrétienne suprême : « Ayant purifié vos âmes en obéissant à la vérité pour avoir un amour fraternel sincère, aimez-vous ardemment les uns les autres, de tout votre cœur » (1 Pi 1.22). Puis il insiste, en ajoutant plus loin : « Avant tout, ayez les uns pour les autres un ardent amour, car l'amour couvre une multitude de péchés » (1 Pi 4.8).

Selon l'apôtre Jean, notre amour chrétien devrait être d'une telle profondeur que « nous [devions] donner notre vie pour les frères » (1 Jn 3.16*b*). En fait, il dit : « Nous savons que nous sommes passés de la mort à la vie, parce que nous aimons les frères. Celui qui n'aime pas demeure dans la mort » (1 Jn 3.14). Dans la suite, Jean indique la raison qui sous-tend ces fortes affirmations : « Et nous avons de lui ce commandement : Que celui qui aime Dieu aime aussi son frère » (1 Jn 4.21).

Ce qu'enseigne le christianisme sur l'amour n'a pas son pareil dans l'histoire de la religion. Un des facteurs clés qui contribue à expliquer l'essor rapide du christianisme primitif est l'amour que les premiers chrétiens se manifestaient les uns aux autres. Cet amour ne passait pas inaperçu à l'époque. Tertullien, auteur et apologiste africain du IIIe siècle, nous indique que les païens de son temps ont dû reconnaître l'amour extraordinaire que les chrétiens avaient les uns pour les autres. Les païens étaient bien obligés de dire : « Voyez, [...] comme ils s'aiment les uns les autres. »[8] Dans un ancien dialogue chrétien latin intitulé *Octavius*, le païen Cicilius critique les chrétiens en disant : « ils s'aiment entre eux pour ainsi dire avant de se connaître ; [...] ils vont jusqu'à s'appeler indistinctement frères et sœurs ».[9]

Les auteurs contemporains ont également remarqué l'importance suprême que revêt l'amour dans la foi chrétienne. Pour résumer la vie chrétienne, le distingué théologien presbytérien B. B. Warfield indique : « L'amour sacrificiel est donc l'essence même de la vie chrétienne. »[10] Passant en revue les vertus de la puissance, de la connaissance, de l'expérience religieuse, de l'orthodoxie doctrinale et du service, John Stott conclut sa remarque sur Galates 5.22 en disant que « l'amour est la grâce prééminente du chrétien ».[11] Le célèbre traducteur de la Bible James Moffatt ajoute à cela qu'« aucune Église, si elle néglige l'amour fraternel, n'a la moindre possibilité de stabilité, ni la moindre chance d'exister aux yeux de Dieu ».[12]

Si vous souhaitez obtenir une leçon contemporaine édifiante à souhait sur l'amour dans la fraternité chrétienne, lisez l'autobiographie de Charles Colson, *Born Again*. De 1969 à 1973, Colson a occupé la fonction hautement distinguée de conseiller juridique spécial auprès du président Richard Nixon. Colson a également joué un rôle clé dans l'infâme scandale du Watergate, qui figure parmi les scandales les pires et les plus longs de toute l'histoire présidentielle des États-Unis. S'étant mal conduit dans l'exercice de ses fonctions, Colson a été condamné à une peine d'une à trois années d'emprisonnement pour entrave à la justice. Mais dix mois avant de commencer à purger sa peine, il a reçu Jésus-Christ comme son Seigneur et son Sauveur.

Au cours de son emprisonnement, le Colson nouvellement converti a fait face à la période la plus éprouvante de sa vie. Son père, de qui il était très proche, est mort. La court suprême de l'État de la Virginie lui a annoncé qu'elle avait révoqué sa licence en droit. Quelques jours plus tard, il a reçu un appel dévastateur, par lequel on lui a appris que son fils adolescent avait été envoyé en prison pour possession de narcotiques. Sa femme, Patty, sombrait de plus en plus dans la détresse émotionnelle et physique, et il lui restait encore deux années à purger. Mais ses nouveaux frères et sœurs en Christ priaient et s'efforçaient jour et nuit de le faire libérer.

C'est alors qu'Al Quie, ancien congressman du Minnesota et l'un des hommes les plus respectés de Washington, a découvert une vieille ordonnance qui lui permettrait peut-être de purger le reste de la peine de Colson. Après avoir prié au sujet de cette possibilité, Quie a téléphoné à Colson pour lui faire savoir qu'il demanderait au président s'il pourrait purger le reste de la peine de Colson pour permettre à ce dernier de rentrer à la maison afin de venir en aide à sa famille dans la tourmente. En état de choc, Colson s'est mis à protester contre un tel sacrifice personnel, qu'il ne pouvait se résoudre à accepter.

Suite à l'offre de Quie de purger le reste de la peine de Colson, d'autres frères – étant tous de grande réputation et occupant tous de hautes fonctions au sein du gouvernement – lui ont offert d'en faire autant. Cette manifestation généreuse d'amour de la part de ses frères chrétiens a eu pour effet de relever l'esprit abattu de Colson, qui écrit :

> Cet amour d'un homme pour un autre, c'était presque plus que je ne pouvais l'imaginer possible. L'amour de Christ. Al Quie était prêt à renoncer à toute sa carrière, Doug Coe était prêt à donner sa vie, Graham et Harold, aussi… Et ce jour-là j'ai connu Christ comme jamais auparavant. J'avais déjà bien senti sa présence, mais je connaissais maintenant sa

puissance et son amour grâce à la tendresse profonde de quatre hommes.[13]

Ces hommes étaient des exemples vivants de 1 Jean 3.16 : « nous devons donner notre vie pour les frères ».

L'HOSPITALITÉ FAVORISE UNE COMMUNAUTÉ CHRÉTIENNE AIMANTE

Nous serions tous d'accord pour dire que l'amour, comme celui qu'on a témoigné à Colson, devrait transcender la vie de chacun de nous ainsi que la vie de l'Église locale. Il n'y a rien de tel ici-bas que l'amour chrétien sincère, qui amène au sacrifice de soi, pour encourager, inspirer, consoler et édifier les autres. Mais comment manifester, de manière tout à fait pratique, un amour et un sens de la communauté chrétienne plus sincères ? *Une réponse claire s'impose : par l'hospitalité.* Abraham J. Malherbe, érudit classique de Yale spécialisé dans le Nouveau Testament, souligne que parmi les premiers chrétiens l'hospitalité était une considération non seulement pratique, mais encore théologique :

> L'exercice de l'hospitalité par les chrétiens n'était pas perçu simplement comme un moyen de surmonter un problème d'ordre pratique. Les affirmations théologiques de différents auteurs néotestamentaires nous indiquent qu'on le considérait souvent alors comme l'expression concrète de l'amour chrétien.[14]

En effet, les exhortations principales que recèle le Nouveau Testament en ce qui a trait à la nécessité d'exercer l'hospitalité apparaissent toutes dans le contexte de l'amour fraternel :

- Le passage d'Hébreux 13 commence par : « Persévérez dans l'amour fraternel », exhortation que l'auteur fait suivre immédiatement de celle à ne pas négliger l'hospitalité (Hé 13.1,2).
- Pierre encourage ses lecteurs ainsi : « Avant tout, ayez les uns pour les autres un ardent amour ». Puis il ajoute tout de suite : « Exercez l'hospitalité les uns envers les autres, sans murmures » (1 Pi 4.8a,9).
- L'exhortation de Paul à exercer l'hospitalité se trouve dans le contexte plus large de l'amour fraternel et des relations entre chrétiens (Ro 12.13).
- Jean a parlé à l'Église de l'hospitalité que Gaïus donnait à des frères itinérants étrangers en la désignant par l'expression « ton amour » (3 Jn 5-8).

L'hospitalité dans l'Église d'aujourd'hui

Je ne crois pas qu'aujourd'hui la plupart des chrétiens comprennent en quoi l'hospitalité est essentielle pour attiser les flammes de l'amour et affermir la famille des chrétiens. L'hospitalité est, de manière unique, la manifestation personnelle et sacrificielle de l'amour. Par le ministère de l'hospitalité, nous partageons nos biens les plus précieux. Nous partageons notre famille, notre maison, nos finances, notre nourriture, notre intimité et notre temps. En effet, nous partageons notre vie même. Ainsi donc, l'hospitalité a toujours un prix élevé. Par le ministère de l'hospitalité, nous offrons amitié, acceptation, fraternité, rafraîchissement, réconfort et amour d'une des manières les plus riches et les plus profondes qu'il soit possible à l'homme de comprendre. À moins de nous ouvrir la porte les uns aux autres, la réalité de l'Église locale en tant que famille de frères et de sœurs étroitement unis ne sera qu'une théorie.

L'Église froide et inhospitalière contredit le message de l'Évangile. Pourtant, la froideur fait partie des raisons les plus courantes pour lesquelles les gens critiquent les Églises locales.[15] Les gens ne mettent pas longtemps à réaliser qu'il existe parmi les chrétiens un amour « de grenouille de bénitier » qui disparaît à la sortie du sanctuaire ou dans le parking de l'église. Il s'agit d'un type d'amour superficiel qui ne se manifeste que le dimanche matin et qui refuse de s'aventurer au-delà des murs de l'église.

L'amour fraternel, par contre, nécessite qu'on ait une relation intime, qu'on prenne soin les uns des autres, qu'on se connaisse les uns les autres, qu'on ait en commun un sentiment d'appartenance et qu'on partage la vie les uns des autres. Nous ne pouvons apprendre à connaître et nous rapprocher de nos frères et sœurs en Christ en nous réunissant une heure et quart par semaine au sein d'un grand groupe réuni dans une église. Le foyer est l'endroit idéal où bâtir des relations et resserrer des liens. Dans la plupart des cas, nous nous connaissons à peine jusqu'à ce que nous nous retrouvions chez les uns et les autres, que nous mangions ensemble et que nous parlions ensemble autour d'une table. Une plaque murale que ces amis en vacances ont vu dans un restaurant du Maine exprime d'ailleurs merveilleusement bien ce point : « C'est autour d'une table que les amis perçoivent le mieux la chaleur que dégage le fait d'être réunis. » Cela est certainement vrai. Donc, si nous parlons d'amour fraternel, nous devons aussi parler d'hospitalité.

En guise d'exemple de la grande incidence que l'hospitalité exerce en communiquant l'amour et la nature familiale de l'Église, permettez-moi de vous faire part d'une courte histoire au sujet d'un rédacteur du *Los Angeles Times* qui a rendu visite à des Églises chrétiennes afin de voir dans quelle mesure on s'y montrait amical et aimant. Voici le système de notation qu'il a employé pour évaluer ses visites : « Les gens à l'accueil comptaient pour 2 points. La lettre d'information rédigée par le pasteur comptait pour 3 points. La pause comptait pour environ 5 points. Les invitations personnelles à manger comptaient pour environ 60 points. Les présentations de soi d'une manière cordiale et non menaçante comptaient pour environ 10 points. »[16] La feuille d'évaluation du reporter indique avec quelle puissance l'hospitalité communique l'amour et le soin mutuels.

J'entends souvent les gens dire : « Ô, on ne connaît personne ; on n'arrive pas à se faire des amis à l'Église. » J'ai une suggestion qui pourrait régler le problème. Elle me vient d'un couple qui avait de la difficulté à acquérir un sentiment d'appartenance à sa congrégation. Au lieu de partir, comme ce serait le cas de tant de gens, ce couple a décidé d'inviter chaque personne de l'Église à manger à la maison un soir au cours de l'année suivante. À la fin de l'année, il connaissait tout le monde de l'Église et s'était fait un certain nombre d'amis !

Le point de départ en matière d'hospitalité

Comme c'est le cas de beaucoup de chrétiens, il se peut que vous vouliez savoir ce que vous pouvez faire pour le Seigneur et comment employer votre ou vos dons spirituels. Votre foyer est l'endroit idéal où vous mettre à le servir. Vous pouvez inviter des gens à venir y prier. Vous pouvez établir le contact avec des gens nouvellement arrivés dans l'Église ou le quartier. Vous pouvez aider des croyants à mieux se connaître les uns les autres. Vous pouvez offrir un toit à des familles éclatées. Vous pouvez montrer votre appréciation à des enseignants et à des chefs de groupe de jeunes en les invitant chez vous. Vous pouvez offrir un « foyer » aux célibataires vivant sur un campus universitaire ou étant en service dans l'armée qui n'ont peut-être pas goûté à un repas maison depuis des semaines ou des mois.

Beaucoup de gens ont besoin du ministère de l'hospitalité. Il y a des veuves et des personnes âgées qui se sentent seules. Il y a des sourds qui se font constamment négliger. Certaines de ces personnes n'ont ni famille, ni ami. Vous pouvez leur exprimer l'amour de Christ en les invitant à votre table. Il y a des gens souffrant de troubles psychologiques qui ont besoin de savoir que vous n'avez pas peur d'eux et que vous ne les haïssez pas. Votre foyer peut devenir un lieu sûr et de guérison pour eux.

Les nouveaux chrétiens ont spécialement besoin des soins et des balises d'amour que vous pouvez leur fournir en leur ouvrant la porte de votre foyer. Je me rappellerai toujours les fois où, jeune chrétien, je me suis retrouvé à une table en compagnie de chrétiens mûrs en train de parler des choses de Dieu. J'en ai appris autant au cours de ces dimanches après-midi passés dans des foyers chrétiens que durant les sermons du matin. Autour d'une table, on peut communiquer les vérités de Dieu de manière plus personnelle qu'il ne l'est possible dans une grande église.

Martin Luther a prouvé que la table constitue une chaire splendide d'où enseigner les vérités de Dieu et faire des disciples du peuple de Dieu. Luther et sa femme, Katie, sont passés dans l'histoire aussi pour leur foyer ouvert et leur hospitalité généreuse. Voici ce qu'un historien a écrit au sujet de leur foyer : « Car leur merveilleuse maison était toujours bondée de gens. »[17] Le *Table Talk* de Luther, écrit par des étudiants et des invités, est un merveilleux témoignage du pouvoir qu'a un foyer de faire des disciples et d'enseigner.

Si vous souhaitez voir mûrir de nouveaux chrétiens, ouvrez-leur votre porte pour leur communiquer votre amour et vos connaissances. Votre foyer est le meilleur outil dont vous disposez pour rendre une communauté chrétienne plus aimante. Votre Église locale peut devenir une communauté plus amicale et plus aimante, si vous – et d'autres que vous connaissez – ouvrez continuellement la porte de votre maison aux autres.

3

L'hospitalité : un tremplin pour l'Évangile

Et chaque jour, dans le temple et dans les maisons, ils ne cessaient d'enseigner, et d'annoncer la bonne nouvelle de Jésus-Christ.
Actes 5.42

Car c'est pour le nom de Jésus-Christ qu'ils sont partis, sans rien recevoir des païens. Nous devons donc accueillir de tels hommes [prédicateurs], afin d'être ouvriers avec eux pour la vérité.
3 Jean 7,8

Depuis le début, le christianisme a constitué un mouvement missionnaire. Avant de retourner au ciel, Jésus a donné à son petit groupe de disciples des ordres stricts : « Allez, faites de toutes les nations des disciples » (Mt 28.19 ; voir aussi Lu 24.46-48). Ces ordres, ses disciples les ont d'ailleurs suivis à la lettre. Décrivant l'esprit axé sur la mission des premiers chrétiens, Michael Green, professeur du Regent College, a écrit :

> Le zèle pour l'évangélisation qui caractérisait les premiers chrétiens constitue une des choses

les plus remarquables de l'histoire des religions. On trouvait des hommes et des femmes de toutes les couches de la société, de tous âges, de tous les pays du monde connu, qui étaient si convaincus d'avoir percé le grand mystère de l'univers, si sûrs du seul vrai Dieu qu'ils en étaient venus à connaître, que rien ne pouvait les empêcher de communiquer la Bonne Nouvelle aux autres.[1]

L'hospitalité a joué un rôle clé dans l'expansion du christianisme naissant. Cela était vrai par rapport à deux choses. Premièrement, le foyer était une base naturelle et locale d'où répandre le message de l'Évangile. Deuxièmement, l'hospitalité fournissait une aide indispensable aux évangélistes et aux enseignants en déplacement.

LE FOYER EN TANT QUE PHARE POUR L'ÉVANGILE

Comme ils n'avaient pas de temples sacrés ni de classe spéciale de sacrificateurs, les premiers chrétiens ont tout naturellement fait du foyer leur base d'opérations. Dans son étude volumineuse et souvent citée intitulée *Evangelism in the Early Church*, Michael Green dit : « Dans l'Antiquité, un des moyens les plus importants pour répandre l'Évangile consistait à se servir de son foyer.[2] Faisant allusion à la maison d'Aquila et de Priscille, Green ajoute : « Les foyers comme celui-là ont dû s'avérer extrêmement efficaces dans les efforts d'évangélisation fournis par l'Église. »[3]

Robert et Julia Banks, couple australien et leaders clés très connus sur la scène internationale dans le domaine des cellules de maison, est du même avis : « On oublie souvent que le christianisme qui a conquis l'Empire romain était essentiellement un mouvement centré sur le foyer. »[4] En effet, les premières congrégations chrétiennes tenaient toutes ou la plupart de leurs réunions dans des maisons, du fait qu'elles ne possédaient pas d'édifice en propre. Ainsi, certains membres devaient permettre à l'Église de se réunir dans leur maison.

Le foyer devenait donc un centre d'évangélisation et d'enseignement. À ce sujet, Luc déclare que, « chaque jour, dans le temple et dans les maisons, ils ne cessaient d'enseigner, et d'annoncer la bonne nouvelle de Jésus-Christ » (Lu 5.42). Paul aussi a utilisé le foyer comme base d'opérations pour propager la Parole de Dieu. En s'adressant aux anciens d'Éphèse, il a pu déclarer : « Vous savez que je n'ai rien caché de ce qui vous était utile, et que je n'ai pas craint de vous prêcher et de vous enseigner publiquement et dans les maisons » (Ac 20.20 ; voir aussi Ac 28.23).

Les premiers païens à se convertir à Christ ne l'ont pas fait dans une cathédrale, mais dans la maison de Corneille. Selon l'Écriture, Corneille aurait invité « ses parents et ses amis intimes » à venir chez lui pour entendre Pierre expliquer le message du salut (Ac 10.24). À cette occasion, Corneille, sa famille et ses amis se sont convertis. De même, après avoir abandonné son métier pour suivre Christ, Matthieu s'est servi de sa maison pour évangéliser ses amis : « Lévi [*Matthieu*] lui [*Jésus*] donna un grand festin dans sa maison, et beaucoup de publicains et d'autres personnes étaient à table avec eux » (Lu 5.29). Nous avons tous des leçons à apprendre de Matthieu et de Corneille, si nous voulons faire preuve d'un plus grand courage pour inviter nos amis et nos voisins chez nous pour y entendre parler de Christ.

Bien entendu, Jésus est l'exemple par excellence de l'évangélisation par l'hospitalité. En tant que Sauveur des pécheurs, il acceptait avec joie les invitations hospitalières qui lui venaient des collecteurs d'impôts, des publicains et des gens de mauvaise vie (Mc 2.16 ; Lu 15.1,2 ; 19.1-10). Les chefs religieux de son époque avaient cependant fermé leur porte à tous ces gens, de crainte que ces derniers les souillent en profanant leur demeure.

Pour les premiers chrétiens, le foyer constituait le lieu le plus naturel où proclamer Christ à leur famille, à leurs voisins et à leurs amis. Il en est d'ailleurs ainsi aujourd'hui. Si vous ou votre Église locale cherchez des moyens d'évangéliser les âmes perdues, vous trouverez un des meilleurs dans l'hospitalité. La plupart d'entre nous n'utilisent toutefois pas leur foyer comme ils le devraient pour évangéliser leurs voisins, leurs amis et leurs proches. Tragiquement, beaucoup d'entre nous ne connaissent pas même leurs voisins. Pourtant, grâce à l'hospitalité, nous pouvons faire la connaissance de nos voisins et être un phare dans notre quartier plongé dans les ténèbres spirituelles.

Inviter nos voisins et nos amis à venir manger chez nous fournit l'atmosphère parfaite pour annoncer l'Évangile. Notre Seigneur a su profiter de ce que des gens étaient attablés pour engager des discussions spirituelles et provoquer des rencontres qui allaient changer le cours d'une vie (Lu 7.36-50 ; 11.37-54 ; 14.1-24). L'Évangile est en soi une invitation par grâce à venir jouir de la maison et du banquet savoureux de Dieu pour l'éternité (Lu 14.16-24 ; Jn 14.2,3).

Les études bibliques à domicile axées sur l'évangélisation constituent également un moyen très efficace pour atteindre les gens, car le contexte y est non menaçant, informel, rassurant, détendant et personnel. De plus, il est facile de s'engager dans de longues discussions au terme de chaque étude, ce qui est rarement possible à l'église le dimanche matin.

Il suffit d'ouvrir les yeux pour voir abonder les occasions que nous avons d'employer notre maison afin d'annoncer l'Évangile à nos amis et à nos voisins. Dieu se plaît à utiliser le milieu familial pour accomplir de grandes choses. Dawson Trotman, fondateur des Navigateurs, par exemple, s'est servi de sa maison pour gagner beaucoup de marins à Christ. Après plusieurs années passées à exercer généreusement l'hospitalité auprès de marins, il était en droit de dire que des marins de chaque État d'Amérique étaient devenus chrétiens dans son salon.

Dans son livre intitulé *Evangelism as a Lifestyle*, Jim Petersen raconte une histoire intéressante au sujet d'un Brésilien du nom de Mario, avec qui il avait fait des études bibliques pendant quatre ans avant que le jeune homme ne vienne à Christ. Mario était un intellectuel marxiste doublé d'un activiste politique, donc un candidat au christianisme improbable. Plusieurs années après la conversion de Mario, ce dernier a demandé à Jim s'il savait ce qui l'avait décidé à donner sa vie à Christ. Jim croyait que Mario devait probablement sa conversion aux nombreuses heures qu'ils avaient passées à parler de l'Écriture entre intellectuels, mais voici ce que Mario lui a répondu :

> Tu te rappelles la première fois où je suis entré chez toi ? Nous étions en route pour quelque part, et nous sommes arrêtés chez toi pour

prendre un bol de soupe avec ta famille. Tandis que j'étais à table en train de vous observer, ta femme, tes enfants et la manière dont vous interagissiez ensemble, je me suis demandé : « Quand est-ce que je vais avoir une relation comme celle-là avec ma fiancée ? Quand j'ai réalisé que la réponse était « jamais », j'en ai conclu que je devais devenir chrétien pour ma propre survie.[5]

Nous préoccuper des non-chrétiens et leur témoigner de l'amour en les invitant chez nous constitue un aimant puissant par lequel Christ peut amener des hommes et des femmes à lui. Petersen cite également Bob Smith, professeur au collège Bethel et témoin auprès des musulmans : « Vous savez, l'évangélisation se compose à 90 p. cent d'amour. »[6] Partager notre foyer est une des choses les plus tendres et les plus mémorables que nous puissions faire pour contribuer à répandre le message de l'amour de Christ !

Pour utiliser notre foyer avec efficacité, nous devons cependant élargir notre vision de l'hospitalité. En pensant à l'hospitalité, on pense le plus souvent au fait de divertir des amis et des proches. Étant donné que ce sont eux avec qui nous sommes les plus intimes, il est naturel de les inviter chez nous. Or, notre Seigneur reconnaît cette intimité, mais nous commande également d'élargir notre sphère d'hospitalité aux gens qui sont dans le besoin et avec qui nous n'entretenons aucun lien :

> Lorsque tu donnes à dîner ou à souper, n'invite pas tes amis, ni tes frères, ni tes parents, ni des voisins riches, de peur qu'ils ne t'invitent à leur tour et qu'on ne te rende la pareille. Mais,

lorsque tu donnes un festin, invite des pauvres, des estropiés, des boiteux, des aveugles. Et tu seras heureux de ce qu'ils ne peuvent pas te rendre la pareille ; car elle te sera rendue à la résurrection des justes (Lu 14.12-14).

Il n'y a rien de mal à manger en compagnie de ses amis et de ses proches.[7] Il est essentiel de profiter de telles occasions pour entretenir nos relations familiales et nos amitiés. Notre Seigneur s'est lui-même plu à manger avec des amis intimes et des proches. Par exemple, la maison de Marie, de Marthe et de Lazare était un de ses endroits préférés (Lu 10.38-42). Mais Jésus s'est fait remarquer davantage en mangeant avec des gens indésirables, inconnus et irréligieux (Lu 19.1-10). Dans Luc 14, Jésus enseigne à ses disciples d'accueillir ceux dont personne ne veut : « Accueillez chez vous ceux qui sont négligés, seuls et qu'on n'invite jamais. » L'hospitalité chrétienne est tout à fait distincte de l'hospitalité telle qu'elle s'exerce dans le monde, en ce sens qu'elle amène à accueillir les indésirables et les pauvres, qui ne peuvent nous le rendre. Pour beaucoup de gens, l'hospitalité ne s'exerce que pour répondre à leur propre besoin de socialiser. Il arrive parfois qu'on l'exerce dans le seul but de se glorifier en faisant l'étalage de ses biens et de son aptitude à divertir. Par contraste, l'hospitalité chrétienne est synonyme d'un service humble et sacrificiel.

Nous voulons tous naturellement divertir des gens riches et charmants, mais Jésus dit que nous devrions inviter les pauvres et les estropiés qui ne pourront nous rendre notre hospitalité. Je me demande si nous comprenons réellement ce que notre Seigneur nous enseigne dans Luc 14. Une chose est certaine, feu Francis Schaeffer et son épouse, Edith, le comprenaient bien. Ils ont ouvert leur maison (L'Abri Fellowship) à tous ceux que le Seigneur leur envoyait.[8] Ils ont pris soin de drogués et de gens souffrant de troubles psychologiques, ainsi que de gens qui s'interrogeaient sur les choses spirituelles et qui cherchaient des réponses à leurs questions. Au moyen de leur foyer, et de la communauté de l'Abri, ils ont œuvré auprès de gens de toutes les couches de la société et provenant des quatre coins de la terre.

Les gens seuls vivant dans chacun de nos quartiers ont besoin que nous leur manifestions l'amour de Christ. Il y a des célibataires qui ont besoin des tendres soins d'une famille. Il y a des veuves qui mangent seules tous les jours. Il y a des voisins désagréables qui, même s'ils sont de mauvaise compagnie, doivent être évangélisés. Il y a des réfugiés qui ont besoin d'être hébergés temporairement, en attendant de se trouver un domicile permanent. L'hospitalité pourrait servir à guider ces gens vers l'amour du Sauveur.

Voyez-vous en quoi le fait d'utiliser votre foyer peut vous permettre de manifester l'amour de Dieu et de gagner des âmes à Christ ? Vous n'avez pas à être prédicateur ou à avoir reçu des années de formation pour employer votre foyer afin d'aimer et de servir les gens qui sont dans le besoin. Vous n'avez qu'à en ouvrir la porte, et les gens viendront à vous. Comme le dit William Barclay : « Le christianisme était, et devrait encore être, la religion de la porte ouverte. »[9]

LE FOYER EN TANT QUE REFUGE POUR ÉVANGÉLISTES ET ENSEIGNANTS ITINÉRANTS

Tandis qu'ils proclamaient l'Évangile et établissaient des Églises dans tout le vaste Empire romain, les évangélistes et les enseignants itinérants dépendaient d'un réseau de foyers chrétiens hospitaliers afin de pourvoir à leur hébergement, à leur nourriture et à leurs frais de voyage.

Il y a deux choses que nous devons comprendre si nous voulons apprécier cette réalité dans toute sa signification. Premièrement, les congrégations chrétiennes avaient besoin d'enseignants itinérants pour les encourager et les affermir dans leur lutte en faveur de la foi (Ac 18.27,28). De plus, la proclamation de l'Évangile dans le monde entier dépendait des évangélistes qui étaient prêts à quitter le confort de leur foyer pour aller annoncer la Bonne Nouvelle à toutes les nations. Comme ces premiers enseignants chrétiens et évangélistes ne constituaient pas un groupe de voyageurs bien financés qui pouvaient souvent se permettre de descendre dans des établissements d'hébergement, ils dépendaient de l'hospitalité généreuse d'autres chrétiens. Deuxièmement, il y avait peu d'endroits recommandables où les voyageurs chrétiens pouvaient descendre. Les auberges étaient des lieux notoirement immoraux et insalubres.[10]

Connaissant par expérience les besoins particuliers des évangélistes et des enseignants itinérants, Jésus a enseigné que ses messagers avaient le droit d'obtenir de ceux qui recevaient l'Évangile le gîte, le couvert et de quoi pourvoir à leurs déplacements (Mt 10.9-11 ; Lu 10.7,8). En fait, refuser l'hospitalité à un messager de Dieu revenait à refuser le message de Dieu (Lu 10.10-16). Il était donc bien normal que les apôtres dépendent de la tendre hospitalité de leurs frères et sœurs en Christ pour leur subsistance et leurs frais de déplacement. Pour nous instruire, Dieu rend témoignage des gestes de certains de ces chrétiens hospitaliers dans les pages du Nouveau Testament inspiré. Voici quelques exemples magnifiques d'hospitalité chrétienne.

Simon le corroyeur

Luc relate que Pierre « demeura quelque temps à Joppé, chez un corroyeur nommé Simon » (Ac 9.43). La demeure de Simon est devenue temporairement le foyer et la base d'opérations de Pierre, où ce dernier annonçait l'Évangile et enseignait aux chrétiens à Joppé (Ac 9.35 – 10.23). Par sa généreuse hospitalité, Simon est devenu un compagnon d'œuvre de Pierre (3 Jn 8). Simon compte parmi ceux qui « ont logé des anges » sans le savoir (Hé 13.2). Il a eu le privilège d'accueillir chez lui Pierre – un apôtre du Seigneur –, ainsi que les trois messagers spéciaux de Corneille, premier païen à se convertir à Christ (Ac 10.21-23).

Lydie

Lydie est un exemple frappant d'une hospitalité exercée avec diligence et joie. (Voir Ro 12.13 ; 1 Pi 4.9.) Au sujet de cette femme qui s'est convertie grâce à la prédication de Paul, Luc relate ceci : « Lorsqu'elle eut été baptisée, avec sa famille, elle nous fit cette demande : Si vous me jugez fidèle au Seigneur, entrez dans ma maison, et demeurez-y. Et elle nous pressa par ses instances » (Ac 16.15). Lydie comprenait l'aide particulière qu'elle était en mesure d'apporter à ces serviteurs de Dieu. Son hospitalité pouvait les libérer, afin qu'ils puissent se consacrer davantage au service de Dieu. Elle pouvait également rendre la vie un peu plus facile à ces célibataires.

Bien qu'elle était propriétaire d'une manufacture, Lydie ne disait pas, comme beaucoup d'entre nous le diraient aujourd'hui : « Mon travail prend trop de mon temps pour m'occuper d'autres gens chez moi. Quelqu'un d'autre devra s'occuper d'eux. » L'Évangile avait touché le cœur de Lydie ; elle voulait donc participer à le répandre (3 Jn 8). L'hospitalité était sa façon de montrer au Dieu de son salut qu'elle l'appréciait et l'aimait. Si nous sommes trop occupés pour servir Dieu et venir en aide à ses serviteurs, c'est dire que quelque chose cloche dans nos priorités spirituelles.

Philémon

Philémon, ce chrétien de la ville de Colosses, était connu pour son esprit doux et son hospitalité. Voilà d'ailleurs pourquoi Paul a pu écrire à Philémon depuis sa cellule de prison à Rome : « En même temps, prépare-moi un logement [*chambre d'amis*], car j'espère vous être rendu [*sortir de prison*], grâce à vos prières » (Phm 22). Ce texte communique d'ailleurs ce type d'amour et d'intimité ! Étant donné que Paul savait Philémon être un hôte généreux et un frère bien-aimé, il pouvait s'inviter lui-même en toute confiance chez Philémon. Paul se sentirait-il libre de s'inviter chez vous ?

Gaïus et Gaïus

Parmi les noms qui figurent dans le Nouveau Testament, celui qu'on associe le plus couramment à l'hospitalité chrétienne est celui de Gaïus. En fait, le Nouveau Testament fait mention de deux hommes de ce nom qui se sont fait connaître pour leur hospitalité remarquable.

Paul a désigné Gaïus de Corinthe avec joie comme son hôte personnel et celui de toute l'Église de Corinthe : « Gaïus, mon hôte et celui de toute l'Église, vous salue » (Ro 16.23). Gaïus devait avoir une grande maison, pour pouvoir y accueillir toute sa congrégation. En nous remémorant la pertinence de ce verset aujourd'hui, nous devons reconnaître que, si Dieu nous fait la grâce de nous accorder une maison et des ressources financières, nous sommes dans l'obligation de les utiliser pour le servir et servir son peuple.

C'est à l'autre Gaïus que Jean adresse sa troisième épître, dans laquelle il fait chaleureusement l'éloge de cet homme pour l'hospitalité exemplaire qu'il offre aux prédicateurs itinérants :

> Bien-aimé [Gaïus], tu agis fidèlement dans ce que tu fais pour les frères, et même pour des frères étrangers, lesquels ont rendu témoignage de ton amour, en présence de l'Église. Tu feras bien de pourvoir à leur voyage d'une manière digne de Dieu. Car c'est pour le nom de Jésus-Christ qu'ils sont partis, sans rien recevoir des païens. Nous devons donc accueillir de tels hommes, afin d'être ouvriers avec eux pour la vérité (3 Jn 5-8).

Gaïus avait étendu l'hospitalité à des « étrangers » (v. 5), qui étaient fort probablement des prédicateurs chrétiens issus de l'Église locale de Jean, des envoyés spéciaux de ce dernier. Lorsqu'ils sont retournés dans leur Église locale, ces prédicateurs itinérants ont parlé en termes élogieux de l'hospitalité bienveillante et du courage de Gaïus. Dans sa troisième épître, Jean informe Gaïus de ce que ces prédicateurs ont parlé affectueusement de son hospitalité empreinte d'amour : « lesquels ont rendu témoignage de ton amour, en présence de l'Église [*celle de Jean*] ».

Vous remarquerez plus particulièrement que Jean désigne l'hospitalité de Gaïus par l'expression « ton amour ». C'est que l'hospitalité de Gaïus émanait de son amour pour Dieu, la vérité, et ses frères et sœurs. En faisant allusion à l'hospitalité de Gaïus, John Henry Jowett, ancien prédicateur à la chapelle Westminster de Londres, écrit : « L'amour véritable est un amour formidable, un vrai Gaïus dans l'exercice d'un divertissement généreux offert aux pèlerins fatiguées et qui ont mal aux pieds. »[11]

Après avoir fait l'éloge de Gaïus pour ce qu'il avait fait par le passé en faveur des serviteurs de Dieu, Jean l'exhorte à exercer de nouveau l'hospitalité aux hommes qui se trouvent actuellement avec lui : « Tu feras bien [*il s'agit d'une expression idiomatique exprimant* « *un souhait* » *ou* « *une requête* »] de pourvoir à leur voyage d'une manière digne de Dieu » (3 Jn 6b). L'expression « pourvoir à leur voyage » implique évidemment beaucoup plus qu'un au revoir amical et une poignée de mains chaleureuse.[12] De plus, c'est « d'une manière digne de Dieu » que Gaïus est tenu de venir en aide à ces frères itinérants. Il devait donc faire preuve de don de soi et de générosité, en agissant d'une manière caractéristique de Dieu et qui lui serait agréable.

Dieu n'est pas inconsidéré, avare, ni insensible. Ainsi devrait-il en être de nous lorsque nous prenons soin de ses serviteurs. Aujourd'hui, en termes pratiques, exercer l'hospitalité chrétienne envers les évangélistes et les enseignants itinérants veut dire leur fournir de la nourriture, laver leurs vêtements et en prendre soin, leur apporter une aide financière en vue de futurs déplacements, leur donner des indications et prendre soin de leur voiture, si c'est leur moyen de transport.

LA RESPONSABILITÉ ET LA RÉCOMPENSE ASSOCIÉES À UNE HOSPITALITÉ GÉNÉREUSE

Vous remarquerez la raison pour laquelle Gaïus devait venir en aide à ces prédicateurs en déplacement : « Car c'est pour le nom de Jésus-Christ qu'ils sont partis, sans rien recevoir des païens. Nous devons donc accueillir de tels hommes, afin d'être ouvriers avec eux pour la vérité » (v. 7,8). Ces itinérants n'étaient pas en vacances ou en train de rendre visite à des amis, ils œuvraient et voyageaient pour la cause de Christ. Ils refusaient d'être soutenus matériellement par des non-croyants et dépendaient de Dieu pour leur subsistance. Ce n'étaient pas des « religieux mendiants ». Le peuple de Dieu était donc tenu (et l'est encore aujourd'hui) de pourvoir aux besoins de ces messagers de Dieu.

Ces itinérants rendaient fort probablement visite aux Églises afin de leur enseigner et de les aider à

L'HOSPITALITÉ : UNE TREMPLIN POUR L'ÉVANGILE 41

régler les problèmes auxquels elles faisaient face. (Merci à Dieu pour de tels hommes !) Dans le cas qui nous intéresse ici, ils venaient probablement en aide à la congrégation de Gaïus, qui était assaillie par de sérieux problèmes parce que l'ecclésiastique dictateur Diotrèphe refusait l'hospitalité à ces enseignants (v. 9,10). Les itinérants accomplissaient une œuvre importante pour la cause de Christ.

Jean poursuit en disant que prendre soin des messagers de Dieu fait de nous leurs compagnons d'œuvre dans la proclamation et la protection de la vérité : « Nous devons donc accueillir de tels hommes, afin d'être ouvriers avec eux pour la vérité » (v. 8). Le verbe « accueillir » implique toute sorte d'aide pratique, comme l'hospitalité, la nourriture et l'argent. Lorsque les chrétiens se soutiennent les uns les autres, la Parole se répand.

On raconte une histoire au sujet de William Carey, un des premiers missionnaires en Inde parmi les plus connus. Lorsque Andrew Fuller lui a dit : « Il y a une mine d'or en Inde, mais elle semble presque aussi profonde que le centre de la terre ! », William Carey lui a immédiatement répondu : « Je vais y descendre, mais rappelle-toi que tu dois tenir les câbles. »[13] Donner l'hospitalité et venir en aide aux serviteurs du Seigneur constitue un moyen par lequel nous pouvons soutenir ceux (ou tenir leurs câbles) qui partent répandre la bonne nouvelle de Christ.

De plus, exercer l'hospitalité auprès des serviteurs du Seigneur constitue une des expériences les plus gratifiantes de la vie chrétienne. Les missionnaires qui ont demeuré chez nous, par exemple, ont été une bénédiction particulière pour notre famille. Nous en avons beaucoup appris sur l'œuvre du Seigneur partout dans le monde en écoutant les serviteurs de Dieu nous raconter ce qu'il accomplit par eux. D'entendre parler de la puissance transformatrice qu'exerce l'Évangile dans la vie des gens a également eu pour effet de fortifier notre foi. Notre hospitalité nous a également valu pour récompense les nombreuses amitiés que nous avons cultivées avec des enfants de Dieu provenant de partout dans le monde. Nous nous sentons sincèrement parties prenantes de la famille internationale de Dieu.

Vos enfants profiteront particulièrement de la présence de serviteurs de Dieu chez vous. Je crois que nos enfants ont gagné en maturité et en vécu du fait qu'ils ont dû rencontrer et fréquenter toutes sortes de gens provenant des quatre coins de la terre. Recevoir sous votre toit des hommes et des femmes de Dieu constituera pour vos enfants une expérience éducative unique. Ils en apprendront plus que vous ne le réalisez par la conversation d'adultes, surtout lorsqu'elle portera sur l'œuvre de Dieu. Ils mettront en mémoire de précieux souvenirs indélébiles qui les habiteront jusqu'à la fin de leurs jours. Ils apprendront également de nombreuses leçons de grand prix sur l'art de servir les autres en vous regardant œuvrer auprès des serviteurs de Dieu et manifester l'amour de Christ aux gens qui sont dans le besoin. Cela fortifiera la foi de vos enfants. Ce dont ils seront les témoins à la maison les convaincra de la pertinence de leurs croyances.

Tendez l'oreille à l'auteur et prédicateur à la radio Stephen F. Olford, qui est né de parents missionnaires en Afrique, en train de communiquer l'impression que l'hospitalité généreuse de ses parents a produite sur lui durant son enfance :

Personne ne saurait prédire quelle récompense éternelle nous vaudra notre hospitalité chrétienne. Mais nous avons déjà maintenant une rétribution en réserve. L'hospitalité est une aventure exaltante qui nous rapporte des dividendes extraordinaires. Quand je repense au temps où j'étais jeune garçon, je loue Dieu pour avoir enrichi ma vie par l'intermédiaire de femmes et d'hommes pieux qui sont passés par chez moi. Les impressions faites durant les années de formation d'un enfant favorisent beaucoup sa croissance vers la maturité.[14]

Ne vous privez pas de ces bénédictions profondément personnelles, éducatives et éternelles. Ouvrez la porte de votre demeure aux serviteurs de Dieu.

4

Le Nouveau Testament nous commande d'exercer l'hospitalité

Exercez l'hospitalité.
Romains 12.13b

Exercez l'hospitalité les uns envers les autres, sans murmures.
1 Pierre 4.9

N'oubliez pas l'hospitalité ;
Hébreux 13.2a

Nous devons donc accueillir de tels hommes, afin d'être ouvriers avec eux pour la vérité.
3 Jean 8

Il faut donc que l'évêque soit [...] hospitalier [...].
1 Timothée 3.2

Qu'une veuve, pour être inscrite sur le rôle, [...] ait [...] exercé l'hospitalité.
1 Timothée 5.9,10

Le sujet de l'hospitalité suscite souvent la crainte chez les gens. Il soulève de nombreuses questions qui les mettent mal à l'aise. Lorsque les chrétiens entendent parler de la responsabilité qu'ils ont d'exercer l'hospitalité, ils arrivent pour la plupart à se trouver un nombre étonnant de prétextes créatifs pour s'y soustraire. Pourtant, ils ont tous reçu pour commandement de se montrer hospitaliers. Dans *Testaments of Love*, une des meilleures études savantes ayant été réalisée sur la doctrine biblique de l'amour, Leon Morris, ancien directeur du collège Ridley, situé à Melbourne, en Australie, affirme ceci : « De toute évidence, l'hospitalité comptait parmi les grandes priorités, comme semblent l'indiquer clairement les nombreuses exhortations à l'exercer. »[1] Je suis persuadé qu'on ne peut avoir l'espoir de vaincre ses craintes, ses prétextes et son apathie en matière d'hospitalité qu'en étudiant la Parole vivante de Dieu, qui donne la vie et qui transforme les gens. Seule la puissance de la Parole et de l'Esprit peut nous convaincre que l'hospitalité doit faire partie intégrante d'une vie chrétienne saine et peut nous pousser à passer à l'action. Ainsi donc, dans le présent chapitre, nous examinerons « les exhortations » du Nouveau Testament à exercer l'hospitalité (à l'exception de 3 Jean 8, étant donné que ce passage a été expliqué dans le chapitre précédent.)

RECHERCHEZ L'HOSPITALITÉ

Paul commande aux chrétiens de Rome d'exercer l'hospitalité : « Pourvoyez aux besoins des saints. Exercez l'hospitalité » (Ro 12.13). Afin d'apprécier cette courte exhortation à sa juste valeur, nous devons explorer le contexte plus large dans lequel elle s'inscrit, qui commence par Romains 12.1,2. Dans ce passage, Paul presse les chrétiens de s'offrir à Dieu comme des sacrifices vivants qui, plutôt que de se conformer au monde mauvais dans lequel nous vivons, se laissent transformer selon un esprit pieux qui connaît la volonté de Dieu :

> Je vous exhorte donc, frères, par les compassions de Dieu, à offrir vos corps comme un sacrifice vivant, saint, agréable à Dieu, ce qui sera de votre part un culte raisonnable. Ne vous conformez pas au siècle présent, mais soyez transformés par le renouvellement de l'intelligence, afin que vous discerniez quelle est la volonté de Dieu, ce qui est bon, agréable et parfait.

Paul fait suivre immédiatement ces versets incitant à la consécration personnelle d'exhortations spécifiques qui expliquent ce que signifie dans la vie courante d'avoir un esprit renouvelé et soumis à la volonté Dieu.

D'abord, Paul parle de l'humilité et de l'exercice des dons spirituels (v. 3-8). Ensuite, il donne une série de commandements courts et impérieux ayant pour thème l'amour : « Que l'amour soit sans hypocrisie. [...] Par amour fraternel, soyez pleins d'affection les uns pour les autres » (v. 9,10a). Le commentateur biblique Charles E. B. Cranfield suggère qu'on donne pour titre au passage des versets 9 à 13 « l'amour en action » ou « les marques d'amour ».[2] Ainsi donc, l'exhortation à exercer l'hospitalité apparaît dans le contexte de l'amour et d'une vie chrétienne sacrificielle. L'amour et l'hospitalité vont toujours de pair.

En tant que frères et sœurs en Christ, nous devons former une famille très unie. Nous devons nous fréquenter les uns les autres, nous aimer les uns les autres et prendre soin les uns des autres. Cela, nous ne pouvons le faire en fermant notre porte aux autres. L'hospitalité est donc une expression magnifique de notre vie transformée qui est entièrement offerte à Dieu.

De plus, ne négligeons pas le fait que les versets 9 à 13 sont des commandements donnés par l'Esprit que tout chrétien de toute culture est tenu de mettre en pratique. Le Nouveau Testament ne suggère pas que seules certaines personnes ou certaines cultures sont aptes à exercer l'hospitalité. En fait, il décrit plutôt l'hospitalité comme une dimension essentielle de l'amour fraternel et de la communauté chrétienne. Étant donné que nous avons pour commandement de nous aimer les uns les autres comme Christ nous a aimés, nous ne devrions pas nous étonner de trouver dans le Nouveau Testament un commandement à exercer l'hospitalité. Il s'agit de quelque chose que tout chrétien devrait faire en obéissance à Dieu. Helga Henry, l'épouse de l'auteur et théologien Carl F. H. Henry, exprime d'ailleurs ce point avec force : « L'hospitalité chrétienne n'est pas une question de choix ; ce n'est pas une question d'argent ; ce n'est pas une question d'âge, de rang social, de sexe, ni de personnalité. L'hospitalité chrétienne est une question d'obéissance à Dieu. »[3]

Nous devons remarquer également que la *Nouvelle Version de Genève* rend Romains 12.13 par « Exercez l'hospitalité », mais que dans la version originale grecque le mot pour « exercez » est *diôkô*, qui serait mieux rendu par « efforcez-vous » ou « recherchez ». On ne pense habituellement pas à rechercher l'hospitalité, mais c'est néanmoins ce que la Bible nous demande de faire. Leon Morris nous dit que le verbe *diôkô* « indique un effort acharné ».[4] L'expert du grec et de la prédication expositive C. K. Barrett veut mettre l'accent sur la force du verbe en rendant la phrase par « Exercez l'hospitalité avec enthousiasme. »[5] Frédéric Godet, l'expert français en prédication expositive, la rend par « empressés à exercer l'hospitalité ».[6]

De toute évidence, « rechercher » est un verbe plus fort et qui impose davantage qu'« exercer ». Dans le Nouveau Testament, Dieu nous demande ceci : « recherche la justice » (1 Ti 6.11) ; « recherchez toujours le bien » (1 Th 5.15) ; « recherche la paix » (1 Pi 3.11) ; « Recherchez l'amour » (1 Co 14.1) ; c'est d'ailleurs le sens qui est sous-entendu ici dans « *Exercez* l'hospitalité ». Ainsi donc, nous devons rechercher et promouvoir l'hospitalité, et y aspirer activement. Nous devons y réfléchir, la planifier, s'y préparer, prier à son sujet et chercher des occasions de l'exercer. Bref, le passage de Romains 12 enseigne que tous les chrétiens doivent aspirer à exercer l'hospitalité.

Dans son commentaire, Richard C. H. Lenski écrit : « Pour ce qui est de l'hospitalité, cherchez à l'exercer ! On doit poursuivre l'hospitalité comme on pourchasse un animal et on se plaît à ramener le gibier à la maison. »[7] Beaucoup d'autres commentateurs insistent également sur l'idée de rechercher activement l'hospitalité. Frédéric Godet nous exhorte en disant « qu'il faut même chercher les occasions de l'exercer ».[8] John Murray écrit que « nous devons rechercher activement l'hospitalité et non se contenter de l'offrir, peut-être à contrecœur... quand on n'a pas le choix que de l'exercer. »[9] Robert Haldane, un des meilleurs commentateurs de l'épître aux Romains, déclare : « Ici, on nous demande non seulement d'exercer l'hospitalité, mais encore, selon la signification de la version originale, de la poursuivre ou de la rechercher. Les chrétiens sont tenus de rechercher des occasions de manifester ainsi l'amour envers leurs frères. »[10]

Frères et sœurs, permettez-moi de vous poser les questions suivantes. Recherchez-vous ardemment des occasions d'exercer l'hospitalité, ou s'agit-il de quelque chose que vous faites seulement les jours de fête et dans le cadre d'événements spéciaux ? Comprenez-vous le rôle important que tient l'hospitalité au sein de la communauté chrétienne ? Voyez-vous le lien qui existe entre l'amour fraternel et l'hospitalité ? Mes bien-aimés, ce n'est qu'en comprenant que l'Esprit de Dieu nous commande d'exercer l'hospitalité que nous serons suffisamment motivés pour ouvrir notre porte aux autres de manière sacrificielle.

EXERCEZ L'HOSPITALITÉ AVEC JOIE

Le lien qui existe entre l'amour chrétien et l'hospitalité est mis encore plus en évidence dans 1 Pierre 4 que dans Romains 12 :

> Avant tout, ayez les uns pour les autres un ardent amour, car l'amour couvre une multitude de péchés. Exercez l'hospitalité les uns envers les autres, sans murmures. Comme de bons dispensateurs des diverses grâces de Dieu, que chacun de vous mette au service des autres le don qu'il a reçu (1 Pi 4.8-10).

Les chrétiens à qui Pierre écrit faisaient face à une persécution haineuse (1 Pi 4.12-19). Confronté à l'hostilité des païens, Pierre sait que les chrétiens doivent absolument faire preuve d'un amour ardent et d'unité s'ils veulent tenir bon dans les dures tempêtes de la persécution. C'est pourquoi Pierre presse ses frères et sœurs « [d'avoir] les uns pour les autres un ardent amour » (v. 8).

Le mot grec pour « ardent » véhicule l'idée de ferveur, d'un effort soutenu et de détermination. Cranfield fait une mise en garde à ce sujet :

> Le qualificatif « ardent » donne peut-être une fausse nuance, car il suggère peut-être que l'accent porte sur la chaleur de l'émotion, alors que le mot grec qu'il rend... suggère plutôt le muscle tendu par un effort exigeant et soutenu, comme celui d'un athlète. [...] Il suggère une certaine fermeté dans l'amour, un amour qui perdure.[11]

En tant que chrétiens, nous devrions donc tous nous efforcer le plus possible de nous aimer les uns les autres. Un moyen très pratique que nous avons de nous appliquer à aimer consiste à faire preuve d'hospitalité. L'hospitalité attise les flammes de l'amour. Elle sert à promouvoir et à préserver l'amour. Elle enrichit et approfondit l'amour *agapê*. Elle renouvelle l'amour. Cela explique que Pierre fasse suivre tout naturellement son exhortation à aimer ardemment du commandement d'exercer l'hospitalité avec joie.

Il importe que nous examinions le type de commandement que Pierre donne ici. Le commandement d'exercer l'hospitalité (v. 8) fait partie de plusieurs autres commandements du Nouveau Testament du type « les uns les autres ». Les chrétiens sont exhortés à s'aimer les uns les autres, à prier les uns pour les autres, à se servir les uns les autres, à se reprendre les uns les autres, à s'édifier les uns les autres, à prendre soin les uns des autres, à porter le fardeau les uns des autres, et ici à exercer l'hospitalité les uns envers les autres. Dans le verset à l'étude, l'expression réciproque « les uns les autres » indique que Pierre fait allusion à l'hospitalité que les chrétiens exercent habituellement entre eux, et non uniquement envers les chrétiens et les enseignants itinérants.[12] Il parle de l'hospitalité de tous les jours.

Étant donné que « nous sommes tous membres les uns des autres » (Ro 12.5), nous devons tous nous manifester l'amour et la tendresse de Jésus-Christ les uns aux autres. Cela fait partie de la vie au sein du Corps de Christ. Cela fait partie de l'interdépendance dynamique qui existe entre membres du Corps de Christ. Ainsi donc, les membres de la communauté chrétienne sont tenus d'exercer l'hospitalité les uns envers les autres.

Ceux qui faisaient partie du soi-disant mouvement de la fraternité qui a vu le jour en Angleterre au début du siècle dernier prenaient au sérieux l'exhortation de Pierre à être hospitaliers les uns envers les autres. Dans une critique historique du mouvement de la fraternité, qu'on associe le plus au célèbre homme de foi et directeur d'orphelinat George Muller (1805-1898), Nathan Smith écrit :

> Ils allaient librement les uns chez les autres, et se réunissaient souvent pour manger et

fraterniser. Au début du christianisme, ils se sont fait connaître comme ceux qui renonçaient à tout et qui exerçaient l'hospitalité envers tous. Cette dernière caractéristique est toujours vraie dans une certaine mesure, car les Frères sont connus pour leur consécration à l'hospitalité.[13]

Comme il est triste qu'il n'y ait pas plus d'Églises locales, de dénominations et de mouvements chrétiens qui soient connus pour leur généreuse hospitalité empreinte d'amour. Le plus souvent, seules quelques familles au sein d'une congrégation locale prennent part au ministère de l'hospitalité. Malheureusement, peu de chrétiens réalisent pleinement le degré d'amour et d'intimité qui se perd lorsque seulement une ou deux familles dans l'Église locale exercent l'hospitalité. L'Écriture exhorte pourtant tous les membres de l'assemblée locale à se montrer hospitaliers les uns envers les autres, afin de vraiment prendre part à la vie du Corps de Christ.

Garder la bonne attitude

L'exhortation de Pierre insiste principalement sur l'expression « sans murmures » (sans se plaindre, ni grogner) du verset 9. Se plaindre ne favorise pas l'amour, mais plutôt le désordre, le découragement et le mécontentement. Les murmures ont pour contraire la joie – la disposition à accepter avec bonheur les inconvénients, les efforts et le prix associés à l'hospitalité. L'hospitalité est une forme de don, et « Dieu aime celui qui donne avec joie » (2 Co 9.7). Alors, demandons à Dieu de nous donner un esprit de joie dans l'exercice de l'hospitalité.

Nul doute que le ministère de l'hospitalité (et les inconvénients y étant associés) peut facilement nous éprouver. L'hospitalité exige un travail ardu comme dans le vieux temps. Elle peut s'avérer coûteuse et occasionne souvent des inconvénients. Elle exige du temps. Elle cause de la fatigue à la famille. Parfois, les invités abusent de l'hospitalité de leurs frères et sœurs en Christ. Et en période de persécution, l'hospitalité peut même s'avérer dangereuse.

Par conséquent, l'hospitalité constitue une mise à l'épreuve concrète et pratique de notre ardent amour pour Dieu et son peuple. L'amour peut être une idée abstraite et vague ; tandis que l'hospitalité est spécifique et tangible. Nous nous plaignons rarement de trop nous aimer les uns les autres, mais nous nous plaignons des inconvénients de l'hospitalité. L'hospitalité, c'est l'amour en action. L'hospitalité, ce sont la chair et les muscles qui enveloppent les os de l'amour. Par des gestes tendres d'hospitalité, la réalité de notre amour est mise à l'épreuve.

Le péché monstrueux de l'égoïsme

Nous sommes tous foncièrement égoïstes, et l'hospitalité ne saurait avoir plus grand ennemi que l'égoïsme. Nous voulons échapper aux inconvénients. Nous ne voulons pas partager notre intimité et notre temps avec d'autres. Nous nous préoccupons beaucoup de notre propre confort. Nous voulons vaquer librement à nos occupations sans nous faire interrompre ni nous préoccuper des besoins d'autrui. Nous ne voulons pas de la responsabilité et du travail dont s'accompagne l'hospitalité. Par avarice, nous ne voulons pas partager notre nourriture, notre maison, ni notre argent. Nous craignons qu'on se serve de nous ou qu'on endommage nos biens.

Toutes ces attitudes sont égoïstes, et l'égoïsme est un péché. L'égoïsme caractérise notre ancienne vie non régénérée. Il est synonyme de mondanité. Il est contraire à l'amour. Il est contraire à l'hospitalité. Il est totalement opposé à tout ce que Jésus-Christ a enseigné et vécu. Christ est notre exemple ; il a vécu toute sa vie pour les autres. Par conséquent, nous devons confesser l'égoïsme impie dont nous faisons preuve à l'égard de Dieu et de son peuple. Nous devons chercher à nous servir les uns les autres avec joie, comme il nous a servis, et ainsi prendre part à l'amour qu'il veut voir ses enfants manifester les uns aux autres.

Employer nos dons spirituels

Immédiatement après son exhortation à exercer l'hospitalité avec joie, Pierre presse ses lecteurs de mettre leurs dons spirituels au service d'autrui : « Comme de bons dispensateurs des diverses grâces de Dieu, que chacun de vous mette au service des autres le don qu'il a reçu » (1 Pi 4.10). L'hospitalité est aussi étroitement liée aux dons spirituels qu'elle l'est à l'amour. L'hospitalité est un véhicule par lequel une multitude de dons spirituels se manifestent de manière particulière : la miséricorde, le service, la libéralité, l'évangélisation, l'assistance, etc.

N'OUBLIEZ PAS D'EXERCER L'HOSPITALITÉ

Le passage portant sur l'hospitalité le plus intriguant est celui d'Hébreux 13.1,2 : « Persévérez dans l'amour fraternel. N'oubliez pas l'hospitalité ; car en l'exerçant, quelques-uns ont logé des anges, sans le savoir. » Comme dans les deux passages que nous venons d'étudier, nous sommes ici encore les témoins du lien étroit qui existe entre l'amour et l'hospitalité. L'expression « l'amour fraternel » vient du mot grec *philadelphia*, qui, dans ce cas-ci, est employé strictement au sens chrétien. Les Grecs n'utilisaient pas le terme « amour fraternel » en rapport avec la fraternité spirituelle ; ils ne l'employaient que pour décrire l'amour qui existe entre frères et sœurs de même famille naturelle.

Les enfants de mêmes parents sont unis par les liens du sang, ainsi que des liens familiaux et psychologiques forts. La Bible établit un rapprochement entre la relation qui unit les chrétiens les uns aux autres et la relation qui unit normalement les enfants de mêmes parents les uns aux autres – une relation qui est unique, intime, forte, tendre, utile et familiale. Cette relation intime et tendre devrait pousser à poser certains gestes spécifiques, dont l'un devrait s'exprimer par l'hospitalité. Au siècle dernier, le célèbre expert des questions bibliques et patristiques B. F. Westcott a succinctement étayé ce point, en déclarant : « L'hospitalité est la réponse à un appel direct [*Persévérez dans l'amour fraternel*]. »[14]

Si nous aimons nos frères et sœurs en Christ, nous souhaiterons les inviter chez nous. Nous souhaiterons qu'ils remplissent notre demeure. La présence chez nous de frères et de sœurs en la foi est un avant-goût de notre glorieuse demeure céleste à venir, qui sera bondée de gens, d'anges et de l'hôte parfait : le Seigneur Jésus-Christ.

En dépit de la joie que procure l'hospitalité chrétienne, il est facile de négliger l'hospitalité en période d'apathie et de stress spirituels. La négligence constitue, néanmoins, un signe irréfutable d'un amour faiblissant. L'hospitalité a peut-être son prix et en impose peut-être, mais c'est ce qu'exige tout de même l'amour fraternel entre chrétiens. Voilà d'ailleurs pourquoi l'Esprit de Dieu cherche à nous dissuader de négliger l'exercice de l'hospitalité.

Les Grecs et les Juifs s'étaient donné pour devoir moral particulier d'exercer l'hospitalité auprès des étrangers. L'hospitalité chrétienne n'exige certainement rien de moins. En effet, dans son épître aux Romains, Paul donne pour instruction aux chrétiens de Rome d'accueillir une sœur nommée Phœbé de Cenchrées en visite chez eux selon toutes les règles de l'art de l'hospitalité :

> Je vous recommande Phœbé, notre sœur, qui est diaconesse de l'Église de Cenchrées, afin que vous la receviez en notre Seigneur d'une manière digne des saints, et que vous l'assistiez dans les choses où elle aurait besoin de vous, car elle en a aidé beaucoup ainsi que moi-même (Ro 16.1,2).

Phœbé était une nouvelle venue à Rome − une étrangère − qui avait besoin d'un toit, de directives pour l'orienter et d'amitié. C'est pourquoi Paul exhorte les chrétiens de Rome à l'accueillir « d'une manière digne des saints ». Ils devaient donc la recevoir d'une manière qui refléterait leur rang de sainteté en Christ, c'est-à-dire avec affection, en lui accordant l'intérêt et le soin dus aux sœurs dans la foi, et avec amour – comme Dieu l'aurait lui-même accueillie. Lorsque des chrétiens viennent vivre ou travailler temporairement au sein de nos communautés locales, nous avons pour responsabilité de les accueillir et de leur venir en aide de manière digne de notre vocation honorable en tant que saints de Dieu. Nous devrions les aider à s'intégrer à leur nouvelle communauté chrétienne, ainsi qu'à se trouver une maison ou un emploi. Prenons donc exemple sur Job, qui refusait que l'étranger passe la nuit dehors et que le voyageur se bute à une porte fermée (Job 31.32).

Des récompenses insoupçonnées

Pour étayer son exhortation à exercer fidèlement l'hospitalité, l'auteur de l'épître aux Hébreux ajoute une remarque intrigante et profonde : « car en l'exerçant [*l'hospitalité*], quelques-uns ont logé des anges, sans le savoir ». Cette remarque n'allait pas manquer d'interpeller ses lecteurs quant à l'importance de l'hospitalité et aux récompenses qui y sont associées. Comme tous ses lecteurs étaient des chrétiens juifs, ils connaissaient bien l'Ancien Testament. Ils savaient que l'auteur faisait allusion à des personnages de l'Ancien Testament : Abraham et Sara, Lot, Gédéon, et les parents de Samson (Ge 18,19 ; Jug 6,13). Chacune de ces personnes a exercé l'hospitalité envers des étrangers qui se sont révélés être des messagers angéliques.

L'auteur de l'épître aux Hébreux ne suggère pas que nous devions nous attendre à ce que des agents surnaturels nous rendent visite incognito si nous exerçons l'hospitalité. Cet auteur veut plutôt dire que l'hospitalité est souvent source de bénédictions et de récompenses inattendues. Dans la relation entre hôte et invité, c'est souvent l'invité qui bénit l'hôte. Dans les Évangiles, Jésus (l'invité) inverse les rôles, et devient ainsi le bénisseur et le serviteur qui enrichit la vie de toutes les personnes présentes. Dans le cadre de l'hospitalité, tant l'hôte que l'invité sont une source de bénédiction l'un pour l'autre. Le commentateur biblique Henry Alford exprime d'ailleurs habilement la pensée de l'auteur : « [...] les anges étaient les messagers des desseins spirituels de Dieu, et des invités chrétiens peuvent être en fait de tels messagers, même quand on s'y attend le moins. »[16]

Je peux rendre témoignage des bénédictions que des invités, certains parmi les moins attendus, ont déversées sur notre foyer. Je pourrais écrire tout un livre d'histoires sur les merveilleuses bénédictions que nous avons reçues de divers invités. Nous avons effectivement logé des anges. Des invités ont exercé un ministère auprès de nous de nombreuses manières imprévues. Ils ont apporté à notre foyer un bon remède, sous forme de rires et d'humour. Ils nous ont rafraîchis et encouragés. Des invités nous ont nourris de nouvelles connaissances et de nouvelles perspectives sur la vie. Ils nous ont lancé des défis, nous ont affermis et ont enrichi notre vie. Ils nous ont manifesté l'amour de Christ.

Bien que notre hospitalité ne devrait pas être motivée uniquement par le désir de recevoir des bénédictions pour nous-mêmes, il faut savoir que nous ne manquerons pas d'être bénis en l'exerçant. Nous devons également nous rappeler que notre

Seigneur a enseigné qu'en offrant l'hospitalité à son peuple on la lui offre à lui :

> Alors le roi dira à ceux qui seront à sa droite : Venez, vous qui êtes bénis de mon Père ; prenez possession du royaume qui vous a été préparé dès la fondation du monde. Car j'ai eu faim, et vous m'avez donné à manger ; j'ai eu soif, et vous m'avez donné à boire ; j'étais étranger, et vous m'avez recueilli ; j'étais nu, et vous m'avez vêtu ; j'étais malade, et vous m'avez rendu visite ; j'étais en prison, et vous êtes venus vers moi. [...] Je vous le dis en vérité, toutes les fois que vous avez fait ces choses à l'un de ces plus petits de mes frères, c'est à moi que vous les avez faites (Mt 25.34-36,40).

Si nous pouvions simplement nous rappeler que, lorsque nous ouvrons la porte de notre maison à nos frères et sœurs, même au dernier d'entre eux, nous invitons le Seigneur Jésus-Christ chez nous. Si nous saisissons cette vérité profonde, elle transformera toute notre perception du service envers les gens, surtout de notre manière d'œuvrer auprès des gens qui souffrent.

Tout invité est véritablement un invité de marque, une personne d'une valeur infinie qui vivra pour l'éternité. Ma femme a d'ailleurs pour habitude de répéter à ma famille : « Nous devrions traiter chaque invité comme un ange de Dieu ou comme notre Seigneur lui-même. Ce sont tous des invités importants. » Ainsi donc, loger les enfants de Dieu est tout autant un privilège aujourd'hui que ce l'était pour Abraham de loger des anges. Cette vérité, l'expert en prédication expositive William Kelly l'exprime ainsi : « La source d'encouragement, c'est que certains, comme Abraham et Lot l'ont fait jadis, ont logé des anges sans le savoir. Recevoir chez soi aujourd'hui des enfants de Dieu n'est assurément pas moins honorable aux yeux de Dieu. »[17]

**SOYEZ HOSPITALIER :
UNE QUALITÉ BIBLIQUE
QUE TOUT BERGER DOIT POSSÉDER**

Si vous deviez demander à plusieurs chrétiens quelles qualités tout berger doit posséder, la plupart vous répondraient : « Il doit étudier au séminaire, obtenir le bon diplôme, être ordonné selon la loi ou croire certaines doctrines. » Vous trouveriez peu de chrétiens qui nommeraient l'hospitalité parmi les qualités à posséder pour occuper une fonction au sein d'une Église. Pourtant, c'est précisément ce que le Nouveau Testament exige :

> Cette parole est certaine : Si quelqu'un aspire à la charge d'évêque, il désire une œuvre excellente. Il faut donc que l'évêque soit irréprochable, mari d'une seule femme, sobre, modéré, réglé dans sa conduite, hospitalier [...] (1 Ti 3.1,2 ; voir aussi Tit 1.7,8).

Beaucoup de chrétiens ignorent que, selon l'Écriture, les leaders spirituels sont tenus d'être hospitaliers. Il se peut même que certains ne soient pas d'accord pour que quelque chose d'aussi insignifiant fasse partie des qualités à posséder pour devenir berger. Cependant, une telle pensée trahit une mauvaise compréhension de ce que sont une communauté chrétienne authentique et l'œuvre du berger telle que décrite dans la Bible.

Le berger qui se conforme aux enseignements bibliques est le berger du peuple, le précieux peuple que Dieu a racheté par son sang. Et à l'instar de Christ, le grand Berger, le berger d'une Église doit prendre soin de celle-ci avec amour et sacrifice de soi (1 Th 2.8). Or, cela ne peut s'accomplir à distance, au moyen d'un sourire ou d'une poignée de mains le dimanche matin ou par une visite éclair. Se consacrer à prendre soin du peuple de Dieu, c'est partager sa vie et son foyer avec autrui. La maison dont la porte est ouverte est signe que le cœur aussi est ouvert, et que l'esprit est riche en amour, en sacrifice de soi et en service.

Dans mon travail en tant que berger d'une Église, j'ai découvert que le foyer est un des outils parmi les plus importants pour évangéliser et prendre soin des gens. Bien que le ministère d'hospitalité du berger puisse sembler sans grande importance, il influe beaucoup sur les gens. Si vous en doutez, demandez-le à ceux envers qui un berger a exercé l'hospitalité. Ils vous diront invariablement qu'il s'agit d'une des dimensions du ministère du berger parmi les plus importantes, les plus agréables et les plus mémorables. Selon ses propres voies mystérieuses, Dieu encourage et instruit son peuple par le truchement de la relation entre invité et hôte. Si le berger d'une Église locale se montre inhospitalier, cette Église sera inhospitalière. C'est pourquoi nous ne devons jamais sous-estimer la puissance de l'hospitalité dans nos efforts pour répondre aux besoins des gens. Ceux qui aiment l'hospitalité aiment les gens et se soucient d'eux.

VEILLEZ SUR LES VEUVES SOUTENUES PAR L'ÉGLISE

Un dernier verset, celui de 1 Timothée 5.10, démontre l'importance de l'hospitalité chrétienne. Dans ce verset, nous apprenons qu'avant qu'une veuve chrétienne puisse être inscrite sur le rôle afin d'être soutenue financièrement par l'Église locale, elle doit être, entre autres qualités, hospitalière. À ce sujet, voici ce que dit l'Écriture :

> Qu'une veuve, pour être inscrite sur le rôle, n'ait pas moins de soixante ans, qu'elle ait été femme d'un seul mari, qu'elle soit appliquée à toute bonne œuvre, ayant élevé des enfants, exercé l'hospitalité, lavé les pieds des saints, secouru les malheureux, pratiqué toute espèce de bonnes œuvres (1 Ti 5.9,10).

Quel exemple merveilleux de ce à quoi la vie du chrétien devrait ressembler. Nous voyons ici une vie caractérisée par le sacrifice de soi, le dur labeur, le service auprès d'autrui, l'amour, les bonnes œuvres, l'humilité et les soins apportés à autrui. Voilà le type de vie que Dieu honore. Quelle réprimande bien méritée pour notre société égocentrique assoiffée de plaisirs !

OBÉISSEZ AUX COMMANDEMENTS QUI EXIGENT DE REFUSER L'HOSPITALITÉ

Pour certaines personnes, il est inconcevable qu'un chrétien puisse devoir refuser l'hospitalité à quelqu'un, mais l'Écriture enseigne que cela s'impose dans certaines situations. Par exemple, on doit refuser l'hospitalité à de faux enseignants et à des pécheurs invétérés. Dans les deux cas, on agira de la sorte dans le but de nous protéger nous-mêmes et la sainteté de la communauté chrétienne, et d'amener les gens à prendre conscience de leur péché.

Les faux enseignants

L'Écriture exige de nous, en tant que chrétiens, que nous fermions la porte aux faux enseignants. L'apôtre Jean écrit à ce sujet : « Si quelqu'un vient à vous et n'apporte pas cette doctrine, ne le recevez pas dans votre maison, et ne lui dites pas : Salut ! car celui qui lui dit : Salut ! participe à ses mauvaises œuvres » (2 Jn 10,11). Jean ne fait pas allusion ici aux non-chrétiens (voir 1 Co 5.9-12), aux gens d'une autre religion, ni aux enseignants chrétiens avec qui nous ne nous entendons pas sur des points de doctrine mineurs. Il fait plutôt allusion aux théologiens hérétiques qui propagent activement des mensonges fatals concernant la doctrine fondamentale de la personne de Christ. Il parle des sectes et de leurs enseignants diaboliques.

La Bible exige non seulement que nous refusions l'hospitalité à ce type d'enseignants itinérants, mais encore que nous évitions même de les saluer. Nous ne devons aucunement fraterniser avec les émissaires de Satan, ni leur venir en aide ! Si ce comportement semble manquer d'amour, prêtez l'oreille au sage conseil que nous donne l'érudit et enseignant de la Bible à la radio James Montgomery Boice : « Si dans ce passage les paroles de Jean nous semblent toutefois encore dures, c'est uniquement parce qu'il se préoccupe de Christ et que sa gloire est plus grande que la nôtre, et que notre soi-disant tolérance n'est en réalité que de l'indifférence envers la vérité et une mauvaise compréhension du véritable amour. »[18]

Les chrétiens qui ouvrent leur foyer aux faux enseignants se montrent naïfs par rapport au pouvoir subtil et destructeur du mensonge. Ils confondent l'amour avec la sentimentalité. Ils honorent davantage l'homme que Dieu. Ils accordent plus de valeur à leur propre sagesse qu'à celle de Dieu.

Un frère ou une sœur qui refuse de se repentir

L'Écriture enseigne également que nous devons refuser l'hospitalité au chrétien qui a fait profession de foi, mais qui vit dans une immoralité invétérée. À ce sujet, Paul écrit :

> Maintenant, ce que je vous ai écrit, c'est de ne pas avoir de relations avec quelqu'un qui, se nommant frère, est débauché, ou cupide, ou idolâtre, ou outrageux, ou ivrogne, ou ravisseur, de ne pas même manger avec un tel homme. Qu'ai-je, en effet, à juger ceux du dehors ? N'est-ce pas ceux du dedans que vous avez à juger ? Pour ceux du dehors, Dieu les juge. Ôtez le méchant du milieu de vous (1 Co 5.11-13).

Lorsqu'un chrétien qui a fait profession de foi persiste dans un péché invétéré après avoir été averti et conseillé, l'Église locale doit se dissocier du membre impénitent. Nous ne pouvons agir comme si de rien n'était et inviter ce chrétien à manger chez nous. Nous ne pouvons adopter la politique de l'autruche. Le péché a gâché nos relations fraternelles. Toutefois, si cette personne cherche à se faire conseiller, à obtenir de la prière ou à se faire instruire, c'est différent.

Le refus pour des chrétiens de fraterniser en partageant un repas avec un frère ou une sœur n'est pas une mince affaire. Pour illustrer le sérieux d'un tel refus, considérez la dispute qui est survenue entre Pierre et Paul concernant cette question. Tandis qu'il se trouvait à Antioche, Pierre mangeait avec des frères et des sœurs d'origine païenne. Lorsqu'on a rapporté à Jérusalem que le fait pour Pierre de fraterniser avec des païens posait un problème aux chrétiens juifs de là, Pierre a décidé de cesser de manger en compagnie de ses frères païens (Ga 2.11-21). Paul a immédiatement confronté Pierre au sujet de son refus de manger avec ses frères et ses sœurs d'origine païenne. En gros, Paul considérait le refus de Pierre de partager un repas fraternel avec des chrétiens païens comme un affront à l'Évangile. L'Évangile avait fait d'eux tous une seule famille, unie avec Christ dans les cieux. Paul considérait donc le refus de manger avec un frère ou une sœur comme une offense directe à l'œuvre de Christ.

Commentant 1 Corinthiens 5 et la gravité du refus de manger à la même table qu'un chrétien pour fraterniser avec lui, F. F. Bruce fait la remarque perspicace que voici :

> fraterniser à table... constituait un des liens fraternels les plus solennels. Au sein de la communauté chrétienne, un refus injustifié

de manger en fraternisant avec quelqu'un équivalait presque à refuser la vérité de l'Évangile (Ga 2.11ss) ; *lorsqu'il était justifié, comme c'est le cas dans la situation dont il est question ici, on devait le prendre au sérieux et le percevoir comme un des moyens parmi les plus sûrs d'amener un membre impénitent de l'Église à reconnaître que sa conduite est fautive* (italiques pour souligner).[19]

Comme M. Bruce le dit, le fait de manger avec un autre chrétien « constituait un des liens fraternels les plus solennels ». De même, le fait de manger ensemble sous notre toit est une belle marque d'unité, d'amour fraternel et de paix de Dieu entre chrétiens. Le refus de manger avec un autre chrétien est donc quelque chose de sérieux. Mais le péché gâche ce qui est bien, même les liens de la fraternité chrétienne. Ainsi donc, lorsqu'un croyant marche continuellement dans un péché qu'il se refuse à confesser, nous devons agir. L'Écriture nous dit de ne pas nous associer à une telle personne, et de ne pas manger avec elle (1 Co 5.11,13 ; Mt 18.17). Il faut savoir que 99,9 % des chrétiens ne tiennent aucun compte aujourd'hui de cette ordonnance de Dieu. Nous avons un millier de prétextes pour ne pas obéir à ce commandement scripturaire, mais la désobéissance a affaibli et profané une multitude d'Églises, et a nui au bon rétablissement de nombreux membres vivant dans le péché.

Dieu sait parfaitement bien comment traiter un membre du Corps qui vit dans le péché ; nous l'ignorons, car nous faisons ce qu'il y a de plus facile pour nous-mêmes et pour le pécheur. Ce n'est qu'en suivant les directives de Dieu pour ces questions déchirantes que nous pourrons faire l'expérience des effets durables et positifs de la sagesse parfaite de Dieu. Priez pour que Dieu vous donne la foi et le courage nécessaires pour obéir à sa Parole concernant ce point de discipline.

RÉSUMÉ DES TRAITS DISTINCTIFS DE L'HOSPITALITÉ CHRÉTIENNE

1. L'hospitalité chrétienne compte parmi les traits distinctifs du christianisme primitif.
2. L'hospitalité chrétienne est une vertu.
3. Dieu exige de tous les chrétiens qu'ils exercent une hospitalité digne de lui. Pour lui, l'hospitalité est un commandement, et non une option (Ro 12.13 ; Hé 13.1,2).
4. L'hospitalité chrétienne est une exigence biblique à laquelle tout berger d'une Église doit satisfaire (1 Ti 3.2).
5. L'hospitalité chrétienne est une exigence biblique à laquelle toute veuve soutenue par l'Église doit satisfaire (1 Ti 5.10).
6. L'hospitalité chrétienne est une expression pratique de l'amour fraternel au sein du Corps de Christ (Hé 13.1,2).
7. L'hospitalité chrétienne attise les flammes de l'amour chrétien de manières extraordinairement puissantes.
8. Tout chrétien devrait chercher ardemment à exercer l'hospitalité chrétienne (Ro 12.13).
9. Les chrétiens sont tenus d'exercer l'hospitalité avec joie (1 Pi 4.9).
10. L'hospitalité chrétienne est un moyen efficace pour communiquer le message de l'Évangile à

nos proches, à nos amis et à nos voisins (Ac 5.42 ; 20.20 ; Lu 5.29).

11. L'hospitalité chrétienne contribue à propager l'Évangile en rendant un service indispensable aux messagers du Seigneur (Lu 10.7,8 ; 3 Jn 5-8).

12. L'hospitalité chrétienne pousse à vouloir œuvrer auprès des pauvres, de ceux dont personne ne veut et des gens de la société qui sont dans le besoin (Lu 14.12-14).

13. L'hospitalité chrétienne est un véhicule pratique pour exercer ses dons spirituels (1 Pi 4.9,10).

14. L'hospitalité chrétienne conduit à des récompenses et à des bénédictions insoupçonnées (Hé 13.2).

5

Quelques conseils utiles pour exercer l'hospitalité

Croire que l'hospitalité est importante et l'exercer sont deux choses différentes. Beaucoup de chrétiens ne vont jamais au-delà de la théorie. Les suggestions pratiques qui suivent pourront vous aider, vous et votre Église, à vous mettre à exercer l'hospitalité. Choisissez les suggestions qui s'appliquent à votre situation.

1. Je réalise que certaines personnes ont de la facilité à inviter spontanément des gens à manger, mais la plupart éprouvent le besoin de planifier leurs invitations à l'avance. Si c'est votre cas, prévoyez chaque semaine ou chaque mois une occasion d'inviter des gens chez vous. À moins d'inscrire ces invitations à votre agenda, vous risquez de ne jamais passer le cap des bonnes intentions. Vous vous direz : « C'est important. La Bible nous demande de le faire, et cela viendra en aide à notre Église ; cela fera de notre congrégation une assemblée plus unie et plus aimante. » Mais à moins de battre le fer pendant qu'il est chaud, vous vous retrouverez occupé la semaine prochaine, et la semaine suivante, et celle d'après. En agissant de la sorte, vous en viendrez probablement rarement à ouvrir votre foyer aux gens de votre Église, ou à vos amis et

à vos voisins non-chrétiens. Par contre, plus vous savourerez la joie et les bénédictions associées à l'hospitalité, plus souvent vous voudrez renouveler l'expérience.

2. Permettez-moi de vous suggérer le dimanche midi comme un bon moment pour inviter les enfants de Dieu chez vous. Le dimanche matin, vous vous réunissez avec d'autres pour adorer et recevoir un enseignement, après quoi vous devez manger. Il est donc naturel d'inviter des frères et des sœurs à votre table afin de continuer de fraterniser dans l'amour tout en vous nourrissant.

Ma famille et moi, c'est ce que nous faisons depuis plus de vingt ans. Et je peux dire en toute sincérité que cela nous plaît davantage chaque année. Si nous n'avons pas d'invités le dimanche après-midi, nous avons le sentiment d'être passés à côté de quelque chose de spécial dans notre expérience chrétienne. Pour moi, l'hospitalité conclut bien l'adoration. En fait, elle apporte une continuité nécessaire aux courts instants que nous passons ensemble en tant que famille de Dieu. Cette occasion se prête bien également à la rencontre de nouvelles personnes, à l'encouragement des plus faibles, à l'aide des gens dans le besoin et aux soins à apporter aux tout nouveaux convertis à Christ.

Si vous avez l'intention de nourrir des gens le dimanche midi, vous devez vous y préparer le samedi, en encourageant toute la famille à participer aux préparatifs. Cela fournira à vos enfants une excellente formation. Si le dimanche midi ne vous convient pas, il se pourrait que le dimanche soir vous convienne mieux. Quel que soit le moment qui vous plaît le plus, prévoyez d'inviter fréquemment des gens chez vous.

3. Dressez la liste des gens que votre offre d'hospitalité encouragerait. Par exemple, votre hospitalité pourrait beaucoup aider de nouveaux membres de l'Église à se sentir parties prenantes du Corps. D'autres personnes de votre congrégation se sentent seules et ont besoin d'amour. Ceux qui traversent de terribles épreuves pourraient puiser un grand encouragement dans votre simple invitation. En effet, vous pouvez être pour des gens qui souffrent un ange à leur service.

    Si vous regardez dans l'annuaire de votre Église, vous vous étonnerez probablement de constater combien de gens ont besoin que vous leur exprimiez votre amour par le moyen de l'hospitalité. Ce ne sont pas les gens à aider qui manquent. Commencez donc dès maintenant à dresser la liste de vos futurs invités.

4. Identifiez des voisins que vous pourriez inviter à manger à votre table ou à un barbecue. Planifiez d'inviter tous vos voisins chez vous durant un laps de temps spécifique. Commencez à noter le nom de vos voisins et la date à laquelle vous souhaitez les inviter.

5. N'oubliez pas d'inviter chez vous des gens durant le temps des Fêtes. C'est une période de l'année particulièrement agréable qui convient bien à l'accueil chez soi de saints de Dieu qui sont dans le besoin, et d'amis et de voisins non-chrétiens. Efforcez-vous d'inclure les gens qui ont besoin

de l'acceptation, du réconfort, de l'amour et de l'intimité que peut leur procurer votre famille.

6. Faites la collection et classez des recettes simples et bon marché. Beaucoup de gens n'exercent pas l'hospitalité en raison de ce qu'elle leur coûte. Vous n'avez cependant pas à impressionner les gens en leur servant un somptueux repas ni en étant le meilleur artiste de votre Église. L'hospitalité est censée être un service rendu aux gens, et non une occasion de se bomber le torse.

7. Portez-vous volontaire pour fournir l'hébergement à des missionnaires ou des serviteurs du Seigneur en déplacement. Certaines organisations missionnaires ont une liste de maisons d'accueil dont se servent les missionnaires durant leurs voyages. Vous devriez trouver une organisation compatible à vos croyances et vous inscrire comme maison d'accueil. Et lorsque les missionnaires de votre Église reviendront au bercail, ne manquez pas l'occasion de les inviter à manger chez vous.

8. Formez un comité d'hospitalité pour promouvoir l'hospitalité au sein de votre Église locale. Si vous ne disposez pas d'un plan structuré ni d'un comité qui favorise l'hospitalité, seules les quelques rares personnes fidèles en matière d'hospitalité dans votre Église l'exerceront. La plupart des gens ont besoin d'aide et d'encouragement afin de pratiquer l'hospitalité de manière constante.

9. Organisez un programme d'hospitalité du dimanche matin pour votre Église. Demandez qu'on se porte volontaire pour s'y inscrire en vue d'un dimanche matin spécifique. Ne craignez

pas d'offrir une formation et de l'aide. Indiquez à un couple (ou un célibataire) ou à plusieurs couples (selon la taille de l'Église) un dimanche où ils devront se préparer à recevoir des gens à manger chez eux et à fraterniser avec eux après le service. Préparez pour ces hôtes une liste de personnes que leur hospitalité encouragerait particulièrement, comme des veuves, des étudiants de l'université, du personnel militaire, de nouveaux membres, etc.

10. Intéressez-vous à la vie des gens. Déterminez par quelles questions clés vous donnerez le plus de sens au temps que vous passerez avec des gens. (Procurez-vous et lisez le livre 201 Great Questions, de Jerry D. Jones, NavPress.) Demandez à vos invités comment ils ont fait la connaissance du Seigneur. S'ils sont mariés, informez-vous des circonstances de leurs fréquentations et de leur mariage. Vous vous étonnerez de découvrir combien nous nous connaissons tous peu les uns les autres !

11. Montrez-vous créatif dans vos activités avec vos invités. Prévoyez un moment de prière, de lecture de l'Écriture ou de chant tous ensemble. Après le repas, faites une promenade ensemble. Toutes ces activités auront pour effet de resserrer les liens entre vous et vos invités.

12. Lisez des livres qui vous aideront à mieux exercer l'hospitalité. Entretenez-vous avec des gens qui maîtrisent bien l'art de recevoir. Vous pourrez en apprendre beaucoup de ces sources. (À votre

église, mettez à la disposition des gens des livres portant sur l'hospitalité.)

13. Achetez-vous et utilisez un livre d'invités. Vous trouverez formidable de pouvoir revenir en arrière et vous remémorer tous les gens qui auront béni votre foyer par leur présence.

14. Demandez aux autorités de votre Église de vous donner un enseignement sur l'hospitalité. (Quand avez-vous entendu un message sur l'hospitalité ?) Pour bien recevoir les gens, nous devons tous enseigner et entendre régulièrement la doctrine de l'hospitalité et de l'amour chrétiens. Nous avons tendance à l'oublier, d'où la nécessité qu'on nous exhorte continuellement et de manière conséquente.

15. Votre Église pourrait inviter un conférencier ou donner un séminaire portant sur l'hospitalité qui fournirait une aide et des idées pratiques.

16. Priez pour que Dieu vous donne de la joie à le servir de la sorte. Confessez votre égoïsme, votre orgueil et votre désobéissance, qui vous ont empêché d'ouvrir votre foyer aux autres. Demandez au Seigneur de vous montrer dans sa Parole en quoi l'hospitalité est importante. N'oubliez pas que le Seigneur sait ce qui est le mieux pour nous.

GUIDE D'ÉTUDE

PREMIÈRE SESSION :

1. Le chapitre intitulé *Un joyau de la couronne manquant* présente trois histoires au sujet de chrétiens inhospitaliers. Laquelle de ces histoires vous a le mieux convaincu de la nécessité de prendre davantage conscience de l'importance d'exercer l'hospitalité chrétienne ? Expliquez en quoi cette histoire était convaincante. Chaque personne du groupe d'étude devrait répondre à cette question.

2. Considérez chacune de ces trois histoires. Dans chacun des cas, qu'est-ce que les membres des Églises locales concernées auraient dû faire différemment ?

3. Donnez deux raisons qui font que, dans le Nouveau Testament, l'hospitalité constitue un commandement.

4. Qu'est-ce qui, dans la nature familiale de l'Église locale, vous a le plus impressionné au cours de votre lecture du deuxième chapitre ?

5. Que pouvez-vous faire pour favoriser ce contexte familial dans votre Église locale ?

6. Nommez deux textes scripturaires qui mettent l'accent sur l'importance suprême que revêt

l'amour dans la vie chrétienne. Avec vos propres mots, expliquez ce qu'enseignent les passages en question.

7. Qu'est-ce qui, dans le deuxième chapitre, vous a impressionné le plus au sujet de l'amour chrétien ? Qu'avez-vous appris concernant l'amour chrétien au cours de votre lecture de ce chapitre ?

8. Nommez au moins trois avantages qui enrichiront votre vie si vous exercez fréquemment l'hospitalité.

9. Nommez au moins trois avantages qui enrichiront la vie de ceux que vous recevrez chez vous.

10. Trouvez-vous équitable le système dont s'est servi le reporter du *Los Angeles Times* pour évaluer dans quelle mesure on se montrait amical et aimant dans une Église ? Expliquez votre réponse. Pourquoi une invitation à manger devrait-elle compter pour autant de points ?

11. Nommez plusieurs personnes de votre assemblée locale qui sont dans le besoin – veuves, étudiants de l'université, nouveaux chrétiens – et que votre hospitalité encouragerait grandement. (Fixez-vous maintenant des dates pour inviter chacune d'elles à venir manger et fraterniser chez vous.)

12. Qu'est-ce qui vous empêche le plus d'exercer activement l'hospitalité ?

Parmi la liste qui suit, choisissez deux éléments qui vous nuisent personnellement dans votre exercice de l'hospitalité. Notez certaines choses que vous pouvez faire concrètement pour surmonter ces problèmes et devenir plus hospitalier.

___ Les contraintes de temps (trop d'autres choses à faire)
___ Les finances
___ Des conditions de vie inadéquates
___ L'égoïsme
___ La peur de l'échec
___ L'inexpérience
___ Le manque de discipline et d'organisation (négliger de planifier)
___ L'orgueil
___ Autres

13. Que pouvez-vous faire pour accueillir les nouveaux venus dans votre Église de manière à ce qu'ils y fassent l'expérience de l'amour chrétien ?

DEUXIÈME SESSION :

1. Jim Petersen s'est étonné d'entendre comment Dieu s'était servi de son hospitalité pour gagner Mario à Christ (voir page 31). De quelles manières l'hospitalité prépare-t-elle les gens à recevoir le message de l'Évangile ? Quelles caractéristiques de la famille de Jim Petersen sont susceptibles d'avoir touché Mario si profondément ?

2. Donnez trois raisons pour lesquelles les foyers chrétiens ont servi de bases pour répandre l'Évangile au cours du premier siècle.

3. Les raisons que vous avez énumérées sont-elles encore valables aujourd'hui ? Expliquez votre réponse.

4. Dressez la liste de vos voisins immédiats que vous avez invités chez vous pour un repas ou une étude biblique.

   Dressez maintenant la liste de tous vos voisins qui aimeraient que vous les invitiez à manger chez vous au cours de l'année à venir. Faites connaître ces noms aux membres de votre groupe d'étude et de votre famille. Mettez-vous dès maintenant à prier pour eux chaque semaine et faites le nécessaire pour inviter chacun d'eux à manger chez vous. Ne les abandonnez pas. Ils ont besoin de vos prières.

5. Dressez la liste des principaux jours de fête et des journées spéciales qui vous conviendraient bien pour inviter chez vous des amis ou des voisins à l'occasion d'une réception ou d'un autre événement social. Comment pouvez-vous précisément profiter de ces occasions pour évangéliser vos amis et vos voisins ?

6. Nommez cinq avantages que procure le fait de se réunir dans une maison, plutôt que dans une église, pour prier, étudier la Bible ou fraterniser.

GUIDE D'ÉTUDE

7. Nommez plusieurs raisons pratiques et théologiques pour lesquelles, selon vous, les premiers chrétiens ne se construisaient pas de bâtiments spéciaux où tenir leurs réunions d'adoration et de formation chrétiennes.

8. Lisez à voix haute Luc 14.12-14. Qu'y a-t-il dans ce passage qui transforme et qui dérange votre perception de l'hospitalité chrétienne ?

9. Quels sont les traits distinctifs de l'hospitalité chrétienne, comparés aux idées que le monde se fait de l'hospitalité ? L'affirmation qui suit, tirée du livre de Karen B. Mains intitulé *Open Heart, Open Home*, pourra vous aider à répondre à cette question :

L'hospitalité séculière constitue un esclavage terrible. Elle tire sa source de l'orgueil humain. Exigeant la perfection et nourrissant le désir d'impressionner, ce maître d'œuvre rigoureux asservit. Par contraste, l'hospitalité scripturaire est une liberté qui affranchit.

L'hospitalité séculière dit : « Je veux vous impressionner par ma superbe maison, ma décoration ingénieuse, ma cuisine fine. » L'hospitalité chrétienne, par contre, a pour but de servir. Elle dit : « Cette maison ne m'appartient pas. Elle m'a été véritablement donnée par mon Maître. Je suis son serviteur et j'utilise cette maison comme il le souhaite. » L'hospitalité chrétienne ne cherche pas à impressionner, mais à *servir* ([Elgin : David C. Cook Publishing Co., 1976], p. 25).

10. Nommez deux avantages que pourrait vous procurer le fait de recevoir chez vous un missionnaire ou un prédicateur.

11. Avec quels problèmes et sacrifices personnels l'enseignant itinérant et le missionnaire sont-ils appelés à composer ?

12. Nommez deux moyens par lesquels l'hospitalité peut venir en aide à un missionnaire ou à un enseignant itinérant qui se trouve loin de sa famille et de chez lui.

13. Si vous invitez un évangéliste ou un enseignant de la Bible à votre Église pour y exercer son ministère pendant une semaine, que pouvez-vous faire pour vous montrer hospitalier et attentif à ses efforts et à ses dépenses ?

14. Qu'enseigne l'Ancien Testament sur la nécessité de prendre soin des étrangers ? Lisez Lévitique 19.10,33,34 ; Deutéronome 10.18,19 ; 24.19,21 ; Job 31.32.

TROISIÈME SESSION :

1. Quels sont les deux textes parmi les six portant sur l'hospitalité qui vous ont le plus motivé à exercer l'hospitalité ? Expliquez votre réponse. (Pour connaître les six passages portant sur l'hospitalité, consultez-en la liste à la page 45)

2. Mémorisez deux des passages bibliques portant sur l'hospitalité qui sont cités dans le quatrième chapitre. Répétez ces passages à quelqu'un de votre groupe d'étude ou de votre famille. (Il s'agit d'une chose facile à faire. Les textes sont très courts. Peut-être devriez-vous tous les mémoriser !)

3. Avec vos propres mots, expliquez la signification de Romains 12.13*b*.

4. En quoi l'exercice de l'hospitalité accomplit-il les exhortations de Romains 12.1,2 : « à offrir vos corps comme un sacrifice vivant, saint » et « Ne vous conformez pas au siècle présent, mais soyez transformés par le renouvellement de l'intelligence » ?

5. Les conflits entre membres sont un des plus grands problèmes avec lesquels toute Église locale est appelée à composer. En quoi l'hospitalité peut-elle améliorer les relations interpersonnelles et réduire les conflits au sein de l'Église ?

6. Qu'est-ce que les commandements du type « les uns les autres » vous enseignent sur la vie chrétienne et la nature de l'Église locale (1 Pi 4.9) ?

7. Selon Pierre, quelle devrait être votre attitude par rapport à l'exercice de l'hospitalité ?

8. En termes pratiques, expliquez comment vous pouvez vous servir de votre maison comme

d'un instrument pour exercer vos dons spirituels. Soyez précis. (Voir page 55.)

9. En quoi l'égoïsme est-il un péché chez le chrétien ?

10. De quelles manières vos invités vous ont-ils béni ? Pouvez-vous en donner un exemple particulier ?

11. Avec vos propres mots, expliquez ce que Paul attendait que les chrétiens de Rome fassent pour Phœbé (Ro 16.1,2).

12. Avec vos propres mots, expliquez en quoi Matthieu 25.34-36,40 révolutionne votre perception de l'utilisation de votre maison et de votre temps.

13. Nommez au moins trois raisons qui font de l'hospitalité un commandement biblique auquel tout responsable d'Église doit obéir.

14. Dressez la liste des qualités de la veuve qui figurent dans 1 Timothée 5.9,10. En quoi exactement est-elle un exemple à suivre pour vous ?

15. Décrivez explicitement la première situation dans laquelle l'Écriture exige que nous refusions l'hospitalité. En quoi importe-t-il que vous compreniez clairement les instructions vous indiquant avec qui vous ne devez plus partager votre table (2 Jn 10,11).

16. L'Écriture dit que, si un croyant ayant fait profession de foi continue délibérément à s'adonner à un péché sans s'en repentir, les autres croyants doivent se dissocier de lui et « ne pas même manger avec un tel homme ». Selon vous, qu'accomplirez-vous en refusant une hospitalité normale à un croyant impénitent ?

17. Quelle est la différence entre l'amour chrétien et la sentimentalité ?

18. Choisissez trois suggestions parmi celles du chapitre intitulé « Quelques conseils utiles pour exercer l'hospitalité » que vous seriez disposé à mettre en pratique. Communiquez-les à votre groupe d'étude, à vos amis et aux membres de votre famille.

Notes

Chapitre 1
1. Mortimer Arias, « Centripital Mission or Evangelization by Hospitality », *Missiology : An International Review*, [1982], vol. 10, p. 69-70.
2. Jean Colson, *Clément de Rome*, I Clément I.2 [Paris : Les Éditions Ouvrières, 1960], p. 41.
3. Adolf Harnack, *The Expansion of Christianity in the First Three Centuries*, 2 volumes traduits par James Moffatt, [Londres : Williams and Norgate, 1904], vol 1, p. 222-223.
4. Gustav Stahlin, *Theological Dictionary of the New Testament*, s.v. « xenos », [1967], vol 5., p. 23.

Chapitre 2
1. Philip Edgcumbe Hughes, *A Commentary on the Epistle to the Hebrews*, [Grand Rapids : Eerdmans, 1977], p. 106.
2. Ibid., p. 562.
3. Joseph Ratzinger, érudit patristique et cardinal allemand de l'Église catholique romaine, a dit : « Déjà au IIIe siècle, toutefois, le mot «frère» se trouve de moins en moins souvent comme désignation des chrétiens entre eux. [...] Ainsi donc, on restreint l'idée de fraternité à la hiérarchie [*clergé*] et aux ascètes [*communautés monastiques*], auxquelles la vie de l'Église en est venue à être réduite aujourd'hui. Comme nous le savons, cet état des choses a persisté jusqu'à

notre époque, avec tous ses effets inévitablement dommageables » (*The Meaning of Christian Brotherhood*, [San Francisco : Ignatius, 1993], p. 39-40).
4. C. S. Lewis, *The Four Loves* [New York : A Harvest/HBJ Book, 1960], p. 114.
5. Edwin Hatch, *The Organization of the Early Chritian Churches* [Londres : Longmans, Green, and Company, 1901], p. 44.
6. Hughes, *A Commentary on the Epistle to the Hebrews*, p. 562.
7. Francis A. Schaeffer, *La marque du chrétien* [Fontenay-sous-Bois, 1973].
8. Tertullien, *Apologétique*, XXXIX.7 [Paris : Les Belles Lettres, 1929], p. 83.
9. Marcus Minucius Felix, *Octavius*, IX.2 [Paris : Les Belles Lettres, 1964], p. 12.
10. B. B. Warfield, « The Emotional Life of Our Lord », dans *The Person and Work of Christ* [Philadelphie : Presbyterian and Reformed, 1950], p. 104.
11. John R. W. Stott, « The Unforbidden Fruit », *Christianity Today* [17 août 1992], p. 34.
12. James Moffatt, *Love in the New Testament* [Londres : Hodder and Stoughton, 1929], p. 244.
13. Charles W. Colson, *Born Again* [Old Tappan, New Jersey : Chosen Books, 1976], p. 339.
14. Abraham J. Malherbe, *Social Aspects of Early Christianity* [Baton Rouge, Louisiane : State University Press, 1977], p. 67.
15. Gene et Nancy Preston, « A Friendly Church Is Hard to Find », *Christian Century* [30 janvier 1991], p. 102-103.

NOTES 89

16. Thomas S. Gosin, fils, *The Church Without Walls* [Pasadena : Hope Publishing House, 1984], p. 68.
17. *Conversations with Luther : Table Talk*, traduit et édité par Preserved Smith et Herbert Percival Gallinger [New Canaan, Connecticut : Keats Publishing, Inc., 1979], p. xii.

Chapitre 3

1. Michael Green, *Evangelism in the Early Church* [Grand Rapids, Michigan : Eerdmans, 1970], p. 236.
2. Ibid., p. 207.
3. Ibid., p. 223.
4. Robert et Julia Banks, *The Home Church* [Sutherland, Australie : Albatross Books, 1986], p. 64.
5. Jim Petersen, *Evangelism as a Lifestyle* [Colorado Springs : NavPress, 1980], p. 96-97.
6. Ibid., p. 107.
7. Il s'agit d'un idiome sémantique qui signifie « pas autant X que Y ». Par exemple, dans Osée 6.6, nous lisons : « Car j'aime la miséricorde et non les sacrifices, et la connaissance de Dieu plus que les holocaustes. » Cela ne signifie pas que Dieu ne veuille plus d'holocaustes, dont il a donné le commandement, mais qu'il souhaite principalement une obéissance fidèle à ses voix et une connaissance juste de celles-ci.
8. Edith Schaeffer, *L'Abri* [Wheaton : Tyndale, 1969].
9. William Barclay, *The Letter to the Hebrews* [Philadelphie, Pennsylvanie : Westminster, 1957], p. 219.

10. Everett Ferguson, *Backgrounds of Early Christianity* [Grand Rapids, Michigan : Eerdmans, 1987], p. 66-67.
11. J. W. Jowett, *The Redeemed Family of God : Studies in the Epistles of Peter* [New York : Hodder and Stroughton], p. 168.
12. « Pourvoir à leur voyage » traduit le mot grec *propempô*, qui signifie a) « escorter ou accompagner quelqu'un » (Ac 15.3 ; 20.38 ; 21.5 ; Ro 15.24 ; 1 Co 16.6,11 ; 2 Co 1.16), ou comme ici b) « fournir ce qui est nécessaire à un voyage » (3 Jn 6 ; Tit 3.13).

    L'idée de venir en aide aux ouvriers chrétiens dans leurs déplacements apparaît clairement dans Tite 3.13,14 : « Aie soin de pourvoir au voyage de Zénas, le docteur de la loi, et d'Apollos, en sorte que rien ne leur manque. Il faut que les nôtres aussi apprennent à pratiquer de bonnes œuvres pour subvenir aux besoins pressants, afin qu'ils ne soient pas sans produire de fruits. » Tite et les saints de Crète devaient pourvoir aux besoins des serviteurs de Dieu avec grâce et diligence. Si Zénas et Apollos étaient les porteurs de cette épître (ce qui était probable), c'est donc dire que Tite devait leur offrir son hospitalité et son aide afin de leur permettre de poursuivre leur voyage.

    L'amour chrétien sincère ne fait pas abstraction des détails mondains et pratiques de la vie. En fait, l'amour *agapê* est diligent dans ces questions d'ordre pratique. (Voir aussi Phm 22.)
13. Mary Drewery, *William Carey* [Grand Rapids : Zondervan, 1978], p. 46.
14. Stephen F. Olford, « Christian Hospitality », *Decision* [mars 1968], p. 10.

Chapitre 4

1. Leon Morris, *Testaments of Love* [Grand Rapids : Eerdmans, 1981], p. 267.
2. C.E.B. Cranfield, *Romans : A Shorter Commentary* [Grand Rapids : Eerdmans, 1985], p. 308.
3. Cité de V. A. Hall, *Be My Guest* [Chicago : Moody, 1979], p. 9.
4. Morris, *The Epistle to the Romans* [Grand Rapids : Eerdmans, 1988], p. 448.
5. C. K. Barrett, *The Pastoral Epistles*, Harper's New Testament Commentaries [New York : Harper and Row, 1957], p. 240.
6. Frédéric Godet, *Commentaire sur l'épître aux Romains* [Genève : Éditions Labor et Fides, 1968], p. 462.
7. R. C. H. Lenski, *The Interpretation of St. Paul's Epistle to the Romans* [Minneapolis : Augsburg, 1936], p. 772-773.
8. Godet, *Commentaire sur l'épître aux Romains*, p. 463.
9. John Murray, *The Epistle to the Romans*, The New International Commentary on the New Testament [Grand Rapids : Eerdmans, 1959], p. 133.
10. Robert Haldane, *Exposition of the Epistle to the Romans* [Edinburgh : William Oliphant and Company, 1874], p. 569.
11. C. E. B. Cranfield, *The First Epistle of Peter* [Londres : SCM, 1950], p. 95.
12. Edward Gordon Selwyn, dans son commentaire classique sur 1 Pierre, ne croit pas que 1 Pierre 4.9

fait allusion en premier lieu aux enseignants itinérants. Il écrit :
« Ici, les paroles de Pierre, qui, selon le contexte et les mots *eis allêlous* [« les uns les autres »], semblent avoir un sens plus intime et plus local. L'apôtre fait plutôt allusion à la vie sociale ordinaire au sein des communautés chrétiennes, où il était essentiel d'interagir et de se rencontrer constamment pour préserver la cohésion et le témoignage distinct de l'Église, et où les foyers chrétiens, en l'absence d'églises, constituaient les lieux d'adoration locaux (*The First Epistle of St. Peter* [Londres : Macmillan, 1946], p. 218.

13. Nathan D. Smith, *Roots, Renewal and the Brethren* [Pasadena : Hope Publishing Company, 1986], p. 9.
14. B. F. Westcott, *The Epistle to the Hebrews* [1892 ; réimpression Grand Rapids : Eerdmans, 1973], p. 430.
15. Henry Alford, *The Greek New Testament*, 4 vol. [5ᵉ édition ; Londres : Rivingtons, 1871], vol. 3, p. 261.
16. William Kelly, *An Exposition of the Epistle to the Hebrews* [1905 ; réimpression et réédition, Charlotte, Caroline du Nord : Books for Christians, s.d.], p. 259.
17. J. M. Boice, *The Epistles of John* [Grand Rapids : Zondervan, 1979], p. 204.
18. F. F. Bruce, *1 and 2 Corinthians*, New Century Bible [Londres : Oliphants, 1971], p. 58-59.

« **Publications Chrétiennes inc.** » est une maison d'édition québécoise fondée en 1958. Sa mission est d'éditer ou de diffuser la Bible ainsi que des livres et brochures qui en exposent l'enseignement, qui en démontrent l'actualité et la pertinence, et qui encouragent la croissance spirituelle en Jésus-Christ.

Pour notre catalogue complet :
www.publicationschretiennes.com

Publications Chrétiennes inc.
230, rue Lupien, Trois-Rivières, Québec, CANADA – G8T 6W4
Tél. (sans frais) : 1-866-378-4023, Téléc. : 819-378-4061
commandes@pubchret.org

www.ingramcontent.com/pod-product-compliance
Lightning Source LLC
Chambersburg PA
CBHW060210050426
42446CB00013B/3037